MEPA

Эта книга - первые двадцать тысяч слов о любви из серии "Тетрадки Тани Гофман".

О Тане известно, что она родилась в Станиславе, там же училась в школе.

Изучала медицину и лечила людей в Ивано-Франковске.

Живёт в Хайфе.

Всю жизнь пишет стихи.

> *"И что же это за грехи,*
>
> *Чей давний жар так чист и светел,*
>
> *Что до сих пор не стынет пепел,*
>
> *А превращается в стихи..."*

Почти все они - о любви.

Таня Гофман

МЕРА

Из тетрадок Тани Гофман

Bibliographische Information der Deutschen Nationalbibliothek:
Die Deutsche Nationalbibliothek verzeichnet diese Publikation in der Deutschen Nationalbibliografie; detaillierte bibliografische Daten sind im Internet über http://dnb.dnb.de abrufbar.

© *2015 Text: Таня Гофман*

Covergestaltung: Ksenia Uger, www.studio-uger.de

Texterfassung: Rita Siris

Herstellung und Verlag: BoD – Books on Demand, Norderstedt

ISBN: 978-3-7392-1959-2

Тетрадки

Расплав янтарный нежности и света   7

Нельзя казнить любовью за любовь   24

День в сумерки вмерзал, уже не грея   44

На рамах распят новый день   55

Как этот диалог безмолвный труден   73

А ветер звёзды стряхивает с веток   90

Услышать снова, пусть не наяву   102

Был контур каждый инеем удвоен   119

Что ж, если жизнь любви короче   135

Повторилась ночь немыслимая эта   146

Расплав янтарный нежности и света

***

... Так медленно тянулся вечер...
Валилось всё из рук.
А телефон молчал.
И тишину заполнить было нечем.
Как чьё-то сердце,
Метроном стучал.

Стихал безмолвный крик заката.
Силуэты башен
Залиты тушью. В комнате темно.
Дома на улицу глядят подслеповато.
Усталым глазом -
Каждое окно.

Наверное, остановилось время -
Тихо слишком.
Всё глуше, реже метронома стук...
Я не могу играть.
Упала с шумом крышка
На чёткий клавиш ряд,
Вдруг вырвавшись из рук.

1962

***

Небо, как сажа, черно. Где-то там,
В небе, луна бестолково светится...
Пусть ты не веришь моим словам, -
Нам всё равно никогда не встретиться.

Сказала: "Пойми, прости и забудь,
И прощай, прощай навсегда.
Пусть у каждого будет теперь свой путь.
Я уже не вернусь сюда".

Небо зимнее хмуро слушало нас,
Снег в лицо нам швыряло оно.
На тебя я смотрела в последний раз,
И мне было чуть-чуть смешно.

Очень много на свете хороших слов,
Но сейчас, когда ждёшь ты ответа,
Улыбаясь, тебе повторяю я вновь
То, что тысячу раз перепето:

"Так пойми же, пойми, прости и забудь,
И прощай, прощай навсегда..."
В тыщу первый раз в снеговую муть,
Спотыкаясь, бредёт беда.

1963

***

В полутёмном костёле
                       (ты зажмурься, глаза закрой...)
Хриплый старый орган
                   так о чём-то вздыхал порой.
Он, наверное, знал,
               - каждый, каждый не без греха...
И от вздохов его что-то тихо скрипело в мехах.

И рассеянно клавиши нажимал седой органист,
Не смотря в переписанный
                       неразборчиво нотный лист.
Очень странные тени из углов тянулись к свече,
Но спокойно рука твоя на моём лежала плече...

И хрипел, и смеялся
               хитрый старый астматик - орган...
"... Всё равно не прощу,
               - хоть проси, хоть падай к ногам,
Всё равно не пущу,
             - сеть наброшу из вкрадчивых слов...
Ты запутайся в ней, - ах, какой это будет улов...".

На пюпитре потёртом
                   застывает лужица воска...
Неужели и в этот раз
                 мне опять померещилось просто?..
Гулким эхом – органа укоризненный тихий вздох.
В этих сумерках странных
                 каждый, каждый солгать бы мог...

***

... Иглою боли вновь висок прошит.
Бредовая навязчивость видений
ведёт меня в сгоревший день осенний...
... Зачем же снова пепел ворошить...

Уже почти все медные гроши
на пепелище собраны... Но меди
едва ль достанет на обол последний...
... А что же, если и медяк – фальшив?..

Там больше не осталось и гроша...
... Но есть ещё последнее мгновенье –
и первое... вериг постылых звенья...
И мне придётся сделать этот шаг...

... Пусть я не понимаю, почему
Так неотвязно требованье это, -
нарушив охранительное вето,
вновь погрузиться в ледяную тьму...

... И снова – осень... Солнечный ноябрь...
... а мой ноябрь сейчас завален снегом...
... и что-то странное опять творится с небом...
... и я, скорей всего, уже – не я...

Я вижу всё уже со стороны:
... с ветвей в безветрии соскальзывают листья...
... с лучом тускнеющим в полёте им не слиться...
... как ветви горестно уже обнажены...

... И падают безжизненно слова...
Как этих листьев, их удел – паденье...
А мне отказано в последнем заблужденье, -
вот здесь, сейчас, самой нить оборвать...

Ещё всё будет: ... беспощадный свет...
... и гул чужого праздника... и пропасть,
что разверзается... и ножницы Атропос
чуть слышно звякнут... Только – не во сне.

... всё будет, как произойти должно
неотвратимо... не сейчас... потом... Так скоро...
... И будет осенью пестро раскрашен город...
Но это – наяву... Что ж было сном?..

... А там, во сне, - такой знакомый дом,
где будто всё – как прежде... но расколот
непрочный мир... и зеркала осколок
вопьётся в память, - как стекло в ладонь...

... и там, во сне... ясней, чем наяву...
... правдивей лжи... и достоверней бреда...
... там, где рассудок здравым смыслом предан...
... отъединившиеся... в измереньях двух –

два параллельных мира, навсегда
утратившие дар пересеченья,
что в рамках неэвклидова ученья
был им дарован... Иллюзорный дар...

Законам оптики вполне подчинена,
поверхность зеркала так чинно соблюдает
углов тех равенство... Без всякого вреда ей
действительность воспроизведена...

... незыблемой реальностью теснит
из всех углов ухоженная утварь:
... шкаф... кресло... столик... И не стала мутной
зеркальная поверхность... будто смыт

со сновиденья нереальности налёт...
... в несуществующем пространстве отраженья
с ненужной вовсе чёткостью уже я
реальность вижу, - как сквозь тонкий лёд...

... и всё же ускользает за стеклом
какая-то досадная нелепость
от взгляда, что беспомощно и слепо
блуждает в хаосе безвыходных углов...

... нет, не предчувствие, - сознание беды...
уже свершившейся... сорвавшейся лавины...
... земли разверзшейся... растрескавшейся глины...
... и пепелища, где клубится дым...

В существованье недвусмысленных примет
не усомнюсь... Там, за зеркальной гранью,
во всех деталях, словно на аркане,
мир вижу... Но меня в том мире нет.

Нет отраженья моего в стекле...
... но устранение из видимого мира
предполагает... Что же преломило
летящий луч, перешибив, как плеть?..

... Гул голосов на сцене... Действо длится...
Поставленный недоброю рукой,
фарс – в экспозиции... Но до чего ж легко
скрывают маски истинные лица...

... Я ухожу со сцены в темноту
соседней комнаты, - совсем, как за кулисы...
... и в угол, к зеркалу, по жёсткой биссектрисе
иду, качаясь... словно на плоту...

*... и, вглядываясь в льдистое стекло,
вдруг понимаю, что уже всё это
я видела: ... и беспощадность света...
... паркетной плоскости предательский наклон...*

*... дверь не затворена... за дверью – свет...
... слепящей полосой в зеркальной грани
он отражён ещё... Но как же странен
мираж зеркальный мира... Мира – нет.*

*Исчезло отраженье бытия,
не искажённого предательством и ложью...
... и преломления закон так непреложен...
Но в зеркале себя не вижу я.*

*Нет отраженья моего в стекле...
В закономерном искаженье мира
то сновиденье явью преломилось...
... Мне власть законов не преодолеть...*

*... и, перед зеркалом беспомощно застыв,
мне взгляд не отвести заворожённый
от пустоты, небытием запорошённой...
... той бесконечной стылой пустоты...*

*Уйти... исчезнуть... Но пройти сквозь строй
язвящих взглядов... и парировать удары,
самодовольным безразличием бездарно
замаскированные... и какой игрой*

*скрыть смертное отчаянье... Уйти,
чтобы случайно не увидеть жалость
в пустых глазах... ладонь Судьбы разжалась –
и выпало зеро... Так опусти*

забрало маски... Не увидеть вам
ни тени боли... горечи... сомненья...
... им – диктовать сюжеты сновиденьям...
Вердикт Судьбы не отменить словам...

... быть может, именно поэтому клеймо
прожжёт насквозь и бытие... и душу...
... Я заговор молчанья не нарушу.
Не прозвучит ни слова. Фарс – немой.

То – пантомима. Ясен и без слов
смысл взглядов... жестов... перегруппировок...
... манёвров обходных... и рокировок...
... Лишь для меня сюжета нить – узлом

нерасплетающимся... Нить оборвалась...
Одним ударом решена была задача
узла, что Гордий затянул... так неудачно...
... свинцовым грузом – горечь... как балласт...

... Фарс кульминации своей уже достиг...
Ну, что ж, - мой выход... exit... exitus... Иди же!
Проход по сцене!.. и финал... и дверь – всё ближе...
... Ну!.. Занавес!.. Свободна я... нести

свод неба, что обрушился на плечи...
спасать осколки... если рухнул мир,
казавшийся незыблемым... Пойми
и помни – только Время лечит...

... и это – ложь... Для нас оно течёт
в одном лишь направлении... И нельзя,
к нулю исходному вдоль вектора скользя,
от взрыва пустоты начать отсчёт...

... Ноябрьский ветер раскачал дома...
... привычных улиц вывихнул изгибы...
И в хаосе пространства Время гибнет,
своей же собственной оси стрелу сломав...

... На круги ветер возвращается своя,
прах рухнувших миров с кругов сметая...
Обет мой не исполнен... И листаю
вспять памяти пласты бесстрастно я...

... и, если не осталось ничего...
Не всё равно ли, что принять за точку
отсчёта... пустоты. И правомочен
подход мой к выбору той точки нулевой...

... Спустись на землю. Есть ещё звено...
... исходное звено... Оно – в основе
цепи событий... Кто же в том виновен,
что цепь разомкнута... И что считать виной?..

... Унылый школьный "вечер"... Для меня
фальшивей быть не может развлеченья...
... ламп в сетках проволочных тусклое свеченье...
... блик на боку облезлого "коня"...

... и груда пыльных матов на полу...
Спортзал в той старой школе, где ступени
подошвами скольких же поколений
истёрты полукружьями... В углу –

проигрыватель... или радиола...
а, может быть, уже – магнитофон?..
... как всё же мой анахроничен сон..
всегда была дружна с прогрессом школа

.

... Ты почему-то пригласил меня, -
чужой мальчишка, не из наших классов...
... Что ж, принцип жребия Судьбы всегда неясен...
... но в танце позволительно обнять

не наделённую избытком красоты
неловко близорукую девчонку,
из горькой фазы "гадкого утёнка"
едва ли вышедшую... Но позволил ты

ей очутиться в средоточии тепла...
... ведь этикетом предусмотрено сближенье...
... телам танцующим присуще притяженье,
как всем реально существующим телам...

... и на твоём плече – моя рука...
Ну, что банальней может быть сюжета...
во всех сеченьях, ракурсах, аспектах
он препарирован... Не найдено пока

ответа внятного... И объясненья нет.
Теорий вороха, трактатов груды
не в состоянии дать ответ, откуда
свет к нам приходит... негасимый свет...

... не сказанные вслух, звучат слова...
... вовне... или в смятенном подсознании...
... и смысл тех слов непостижим и странен...
... и нить тех слов уже не разорвать...

... вне всякого контекста... в пустоте...
... обрывком бреда... или откровенья...
... как дар... или проклятье Провиденья...
слова: "... вот так – всю жизнь..." ... Как эхо...
тень...

... нет, я не вижу твоего лица...
... не слышу голоса... Но рук прикосновенье...
Раз в жизни нам даётся откровенье
и – на всю жизнь. До самого конца.

Несу в ладонях незастывшим янтарём
свет вспыхнувшей звезды. Но звёзды... меркнут.
... сиянье пустоты так эфемерно...
Лишь сумрак памяти тем светом озарён...

... сквозь пальцы просочившись, как смола,
тепло тяжёлыми янтарными слезами
в золе седой бесследно исчезает...
... Напрасно память к пепелищу привела...

... здесь даже искры не найти в золе...
И всё теснее Времени гаррота...
... хоть не прервать времён круговорота,
не будет больше лета на Земле...

... Горело лето... дотлевал костёр...
,,, взлетали искры... низвергались звёзды...
Наутро иней линией морозной
обвёл то лето... Только до сих пор

когда на Землю падает звезда,
я не пытаюсь загадать желанья...
... Не лгут лишь бедствий предзнаменованья...
Что ж за меня ты загадал тогда?..

Ведёт не в небо – в бездну звёздный след...
причинно – следственным взаимоотношеньем
не связано ни воспаренье, ни крушенье
звезды – и счастья... Гаснет свет во мгле...

Бреду во тьму, что с каждым днём темней...
... и, если всё, что мне осталось – память...
... неизгладимая... как преткновения камень...
... пусть хоть она не изменяет мне...

Собрать янтарь в золе застывшей нелегко...
... за то, что дар отвергнут был строптиво,
Судьба его мне в назиданье превратила
в горсть обгорелых тёмных медяков.

Что за реальная зависимость легла
в основу лгущей беззастенчиво приметы?..
... Есть общность в судьбах страсти и кометы...
... миг озаренья... и без срока – мгла...

Как просто оказалось разменять
на медяки неоценимый слиток...
Звезда упала, став... метеоритом,
не уберёгшим от беды меня.

... ведь это – просто камень в пустоте...
... осколок некогда распавшегося мира...
... никем не видимый, он бы пронёсся мимо,
когда б не ньютоново притяженье тел...

Не разрешить метафизических проблем
возмездия... вины... и покаянья...
Всё относительно... и потому – неявно...
... Забудь и думать об утраченном тепле...

... И всё-таки... Был изначальный взрыв...
... и мир возник в гармонии законов,
ему присущих... и которыми он скован,
чтоб не распасться в прах... Глаза закрыв

*от нестерпимого сиянья пустоты,
расплав янтарный нежности и света
я приняла в ладони... Было лето.
Теплу его всё не дано остыть.*

11.1964 - 97

***

*Никого на дороге. Только в тёплой пыли
От скрипучих колёс колеи пролегли.
Вечер, солнце устало и в полынь закатилось...
Что мне делать, скажи мне,
чтобы это не снилось?..*

*Дом у дороги. Старый дом у дороги.
Запах полыни – застарелой тревоги.
Пыль на губах, на усталых ресницах...
Их нельзя опускать –
вдруг опять всё приснится?..*

*... И приснится опять. А мы там не бывали.
Облака нам не тлели костром небывалым...
Солнце – углем, погасшим в красноватой пыли.
Не могли мы бывать там,
не могли, не могли!..*

*Тени снов, что не снились, вечерние тени...
И от пыльной полыни зеленеют колени.
В окнах старого дома бьётся птицей закат,
И ушедшему страшно
оглянуться назад...*

2.1965

***

Я вопросы в себе ношу.
А придёшь – я тебя спрошу.
Я тебя ни о чём не прошу, -
Я ведь только ясность вношу.

Я ведь только хочу спросить:
Если быть мне – то как мне быть?
Может, память за грошик сбыть?
Может, имя твоё забыть?

Может, думаешь, я не пойму,
Что вопросы мои ни к чему?
Но не хочется никому
Все ответы искать самому...

Лучше не подгоняй ответ, -
Значит, просто ответа нет.
Даже в самом хорошем сне
Я не рядом, - я в стороне...

Как в удушливом зыбком бреду,
Я по прошлому снова бреду,
Обхожу стороной беду, -
Но, как прежде, к тебе иду...

***

Горы синими туманами укутаны,
Кони звонкими подковами подкованы.
Мои мысли тесно с прошлым перепутаны,
Мои губы нелюбимыми целованы.

Может, в путь коням далёкий отправляться?
Может, просто я судьбы своей не ведала, -
Как в силки, в чужие руки попадаться,
Помнить то, что было, - да и то, что не было.

Злым железом трижды скованное сердце
По ночам от слёз непролитых немеет.
Лучше силою с судьбой своей не мерься –
Утро вечера должно быть мудренее.

А в ночи горам вулканы жарко снятся,
Вороным коням опять нестись куда-то...
Я ищу, - и ты получше спрячься,
А не спрятался, - так я не виновата.

1968

***

...Я уйду далеко, - к самой синей горе,
Что приснилась назло мне опять на заре.
И следы мои смоет бесстрастно вода,
И никто не узнает, ушла я куда.

Не зовите меня и не ждите к утру, -
Я ушла к своему, - не к чужому костру.
Раз отрезать, - а сколько отмерено бед!
Протянулась дорога, длиною в семь лет...

Я не синюю птицу, - я вечер ищу,
А найду - боль забуду, обиды прощу,
Чтобы тихо сказать: "... Это всё ни при чём..."
И к тебе прислониться усталым плечом...

Там огонь был, но дым не стелился в глаза,
Шелестела змеино ветвями лоза,
Звёзды падали в речку, тихонько звеня,
И желанья загадывал ты за меня...

Я сквозь годы и горы, сквозь память пройду,
Я сотру, что написано мне на роду...
... Но костёр, догорая, шипит мне со зла:
"Видишь, видишь, а прошлое – просто зола..."

7.1969

Нельзя казнить любовью за любовь

***

Похоже, к концу подходила дорога,
Что скатертью пыльной легла от порога.
Мой посох железный стал прутиком тонким,
От ржавойковриги - ни крошки в котомке,
До нити начала клубок размотался...
Нелёгкий, я знала, - мне жребий достался...

Пылает заката костёр за стволами.
Но горы, как годы, встают между нами.
Судьба моя, с ним хоть увидеться дай мне,
Что хочешь, возьми за ночное свиданье!..
А, может, назло мне ты нас разлучила, -
Всю жизнь его помнить, что бы ни случилось?..

За первое, право же, взяли немного:
Надежду, с которой ушла я в дорогу...
Тебя я звала, но всё тише и тише -
Был сон твой надёжен. Меня ты не слышал.
И эхом недобрым туман отозвался -
На сердце вдруг обруч один разорвался.

Опять у судьбы я просила удачи
И счастьем платила, не требуя сдачи.
Вновь падали звёзды, с шипением гасли.
Так близко ты был, - не в последний уж раз ли?
По чёрной реке лунный чёлн поднимался...
Ещё один обруч со звоном сломался.

*Пыталась сказать, что за жизнь не успела -
Не крикнула, не прошептала, не спела,
Ладонь опустила на лоб твой горячий...
Очнулся ты. Разве могло быть иначе?
Спокойно сказал: "Я не спал и всё слышал..."
И снова из странной игры этой вышел.*

*Последнюю ночь мне судьба подарила.
Но руки мои опустились бескрыло, -
Огонь уберечь уже не было силы,
Холодным дыханьем его погасили.
Оставшийся обруч легко разомкнулся.
Теперь я свободна. И ты не вернулся.*

1988

***

... Листья ивы серебристой стаей
Плещутся в звенящей синеве.
Ветер невнимательно листает
Книгу, что забыта на траве.

Смутный запах ивы смятых листьев, -
Горький привкус отгоревших встреч, -
Жёсткою рукою сердце стиснет,
Не позволит в памяти сберечь,

Как под раскалённой твердью неба
Нёс меня ты в воду на руках...
Этот день,- он вправду был иль не был?
И не пересохла ли река?..

... Чтобы не сбивала ног о камни,
Чтоб не отплывала далеко...
Как пыталась объяснить река мне,
Что споткнуться с ношею легко...

Жар дневной в себя вбирает вечер,
Как песок иссохший, жадно пьёт...
Солнце обласкало твои плечи, -
Ночь не остывают напролёт...

... Мне с тобой так просто - и так сложно,
А твои сухие губы горячи,
Жгут безжалостно, неосторожно...
Чьё же сердце так отчаянно стучит?..

Не разъять кольцо твоих объятий...
Всё тесней заговорённый круг...
Исступленье ласк, - мне не понять их,
Колдовству не внять горячих рук,

Не очнуться и не отдышаться,
Губ истерзанных от губ не отвести...
Надо же когда-нибудь решаться...
За строптивость ты меня прости, -

*Не решилась... Каюсь, - виновата, -
Как с обрыва, в омут, - с головой...
Речка наша всё же мелковата,
Да и кручи нет береговой...*

*Быстрый шелест узких листьев ивы
Злым напоминаньем о тебе
Долго не позволит стать счастливей
Вопреки нехитрой ворожбе...*

*Будет тоже лето - и не то же.
Та же речка будет - и не та.
Всё до отвращения похоже -
И чудовищная пустота.*

*Давний отзвук слов произнесённых,
Слабый отблеск бликов на волне,
Словно тени листьев, невесомы,
Словно камень, памятью во мне.*

*Жёлтая мантилья леса лисья
Соскользнёт с его усталых плеч...
Жизнь была б иною, убедись я,
Что игра, - увы! - не стоит свеч.*

Кончен бал. Давно погасли свечи.
Тёмная вода – у самых глаз...
Что ж так этот свет недолговечен?
И зачем так неотступна мгла?..

5.1988

***
*Я перестала видеть сны.
Пустые сети снов провисли, -
Уплыли образы и мысли…
Я перестала видеть сны.*

*Не удаётся даже так, -
Случайно, искажённо, лживо,
Невероятно! - но так живо, -
Не удаётся даже так*

*Увидеть, угадать, узнать,
Что беды все скользнули мимо,
Что я по-прежнему любима,
Увидеть, угадать, узнать…*

*Теперь отказано и в лжи, -
Недолговечной, зыбкой, краткой,
На миг прикинувшейся правдой…
Теперь отказано и в лжи.*

5.1988

***

Ты и я – что в мире разделённей нас?
Разве небо и земля, как мы с тобою, далеки?
Ты и я – не встретить взгляд знакомых глаз,
Не посметь коснуться руки...

Я и ты - но между нами океан.
Так горька и солона, как слезы, эта вода...
Я и ты – упал на берег туман,
Друг у друга нас отняв навсегда.

Нам с тобой лишь прошлое дано судьбой.
Будущего нет у нас и настоящего нет.
Нам с тобой не рассказал морской прибой,
Как с песка стирается след...

Мне одной ушедшего не сохранить.
Меркнет свет недолгих лет, где дня длинней час любой...
Никогда связать мне не удастся нить
Слов разорванных «мы с тобой».

1988

***

Припасть на миг опять
К забытому плечу...
Метнётся время вспять
Горчайшей из причуд.

Распластан зноем день,
И языки костра
Бичами гонят в тень,
Что от цветов пестра.

Зелёный полусон,
Скользящий полусвет,
Биенье голосов
Горячечно, как бред.

И каждый час – как год,
И шаг любой – к тебе...
Замедлит время ход,
И гул его слабей...

Предчувствий не унять
У твоего плеча,
Хоть ярок цвет огня,
И нежность горяча...

Расплывчато-сложна,
Как на воде круги,
Не правда мне нужна...
Солги. Солги. Солги!

Дохнёт огонь в лицо,
И губ твоих печать
Расплавленным свинцом
Заставит замолчать.

Взгляд обожжёт, как плеть,
Но смотришь мимо ты,
И не преодолеть
Проклятой немоты.

Желаний не тая,
Огонь крыло простёр.
Но еретичкой я
Вступаю на костёр.

Прикосновенья губ,
Как искры, жалят зло.
След тех ожогов груб,
Отчаян рук излом.

Неправеден твой гнев, -
Остыла нежность дня...
На медленном огне
Пытаешь ты меня,

И тело, как струна,
В руках твоих дрожит.
Бег слов так быстр у нас,
Опасны виражи...

Противоборство – слов.
И непритворство – тел.
Но лжепророчеств снов
Не преступить предел.

Горька судьба моя, -
Быть не могу иной.
Неопалимой я
Пылаю купиной...

*Из плена рук твоих
Не отпускай меня.
Зачем искусство их
Мне не дано принять?..*

*Луна раскалена.
Как до утра дожить?..
И пауза длинна.
Сверчок лишь ворожит.*

*Ответа не ищи,
От правды ложь отняв.
В костре смольё трещит:
"Огня!.. Ещё огня!.."*

*И дымной пеленой
Тот предпоследний час
До одури хмельной
Опутывает нас.*

*Пусть, как твои слова,
Дым голову кружит, -
А мысль-то не нова:
"Недолог век у лжи...".*

*Слова и головни
Обуглились темно.
Нет больше смысла в них,
Но ты ещё со мной,*

*Ещё моим рукам
С твоих сорваться плеч...
Дописана строка,
Чтоб шрамом жизнь рассечь.*

А тьма уже слаба, -
Ночь допита давно.
Вкус крови на губах –
Как терпкое вино...

... Змеёй скользнул туман
В излучину ручья.
Я не сошла с ума.
Но в чём вина и чья?

Моя ли, что молчу
И больше не пою...
Легко ли палачу
Казнить любовь свою?

В объятьях – задушить.
Дать с поцелуем – яд.
И вот уже – не жить,
И дней изломан ряд.

"Распалась связь времён" –
Точнее не сказать.
И не спросить о нём,
И не поднять глаза.

В беседе – промолчать,
Покоем дорожа.
Вопросы, как волчат,
На привязи сдержать.

Твой след волною стёрт,
Его смела ветла.
Вновь не разжечь костёр,
В нём не сгореть дотла,

*Не разрубить узла,
Петли не распустить.
Что будет – не узнать.
Что было – не спасти.*

*Остались там в ночи
Лишь угли да зола
Горчайшей из причин
Отсутствия тепла.*

1988

***

Я не могу и не хочу забыть
День раскалённый на излёте лета,
Столбы дымящиеся солнечного света
И немудряще праздный пляжный быт.

Земля тесна. И совпадений явь
Сбывается, - пусть изредка, нечасто...
Я цепенею, внешне безучастна.
Мне не спастись. Ну, разве только вплавь...

Ведь мы – на острове. Приветствия и смех:
"Сто зим, сто лет!.. Что нового на свете?..
А вы?.. А мы!.. А что же те?.. А эти!.."
И реплики расписаны для всех.

Фарс без накладок, в темпе, сам собой
Несётся вскачь накатанной дорогой.
А ты струны оборванной не трогай, -
Неверен звук. В биенье ритма – сбой.

С традиционным визгом из воды
Выплёскивается чужая резвость.
Мне холодно. Непрошенная трезвость,
Сравненьями меня не изводи,

Не извлекай услужливо со дна
Трясины памяти поблёкшие виденья, -
Сквозь те обрывки, их куда ни день я,
Так неприкрыто истина видна...

Иная жизнь. Твоя другая жизнь.
И к ней я не имею отношенья.
Несовместимой страсти отторженье
Смертельно не для тела, - для души...

А роль впервые не даётся мне.
Неслышимый отчётливее ропот, -
Не сцена, нет! – то цирка рёв и топот.
И взгляды жалят оводов больней.

Амфитеатр заполнен. И народ
Лениво представленья ожидает.
В расположенье тел, чей умысел, - кто знает?
И в чём здесь скрытый смысл, - кто разберёт?

Чей приговор бесстрастно изречён?
Мы на арену брошены так близко,
Что шевельнуться мне нельзя без риска
Задеть твоё горячее плечо.

Беспомощна, почти обнажена,
В удушливом чаду безумья старом,
Не августа вполне терпимым жаром, -
Я близостью твоей обожжена.

Бесчеловечной пытке нет конца.
Застряло солнце где-то в мёртвой точке.
Светила ход намеренно неточен,
Лучи впиваются, как тернии венца.

Зачем же мне почудилось сейчас,
Что, повинуясь тишине и зною,
Давно разорванная меж тобой и мною,
Нить золотая вновь связала нас?..

Окаменеть. И глаз не открывать.
В багровой полутьме клубятся тени...
Смысл не распутывать навязчивых сплетений,
Невидимую нить не обрывать!..

*Реальность колыхнулась, как мираж,
И по оси времён скользнула в лето,
Где всё звенит река, - ещё не Лета,
Листвы и неба солнечный витраж*

*Над нами светится. И мы с тобой – вдвоём.
В пыли остался где-то город сонный,
А здесь – сиянье синевы бездонной,
Бормочет речка что-то о своём.*

*Дарована свобода, - от всего,
Что так мешало мне зимою стылой, -
От неопределенности постылой,
Которая уже не первый год,*

*Моим сомнениям охотно подчинясь,
То сталкивала нас в слепом влеченье,
То, на моё ссылаясь отреченье,
Опять надолго разделяла нас.*

*Но выходки твоей нелепой суть
Истолковав не прихотью случайной,
А неподдельной горечью отчаянья,
Тебя я не посмела оттолкнуть.*

*Смирилась я, упорству твоему
Устав сопротивляться безуспешно.
Мне стало жаль тебя той ночью снежной, -
Сама не знаю толком, почему...*

*Не лги себе. Ненастны неуют
И неприкаянность бесцельного полёта,
Когда, словам не веря отчего-то,
Свободой одиночество зовут.*

*Ты терпеливо приручал меня.
Из рук твоих я рваться перестала
И замерла тревожно – и устало,
На несвободу крылья променяв...*

*... И время заспешило, как часы
С изъяном скрытым, искупить пытаясь
Мгновения, что снег унёс, истаяв,
И возместить их каплями росы.*

*Роса сверкает россыпью камней
Бесценных, зной звенящий предвещая,
Но я игры лучей не замечаю
Сейчас, когда склонился ты ко мне.*

*... О, ты прекрасен, мой возлюбленный, и щедр.
Несчётны губ твоих прикосновенья,
Что золотых цепей смыкают звенья.
И твоё тело – как ливанский кедр.*

*Весенних трав нетронутый ковёр
Под сводом ив серебряным расстелен
Для нас с тобой. И ложе наше – зелень.
Теней и света прихотлив узор.*

*Как должное, я принимаю дар
Твоих ладоней, нестерпимо нежных.
Отброшены несносные одежды.
Слиянье губ, как солнечный удар,*

*Сознанье гасит. На твоём плече,
Загара смуглым золотом покрытом,
Биенье сердца учащённым ритмом
Красноречивей сбивчивых речей.*

Слетают с губ бессвязные слова.
Прикосновенья внятнее глаголов.
Причастия не утоляет голод,
И не от них кружится голова.

*Под нею – твоя левая рука,
А правая моё немое тело
Ласкает неотступно и умело,
Как берег неподатливый – река.*

*Неловкими губами прикоснусь
К твоим губам. И золотой волною,
Как этот день, горячей и хмельною,
Тебе на плечи руки заплесну.*

*И ласки твои лучше, чем вино,
И чаша им наполнена до края...
Но я в твоих объятьях замираю,
И мне не нужно нежности иной,*

*Колен и бёдер бронзовый замок,
Увы, - надёжен. Неприступна крепость.
Как будет мною проклята нелепость,
Что ты твердыню сокрушить не смог.*

*Ты отступил. Отвёл свои войска
К тем двум холмам, оставленным без боя,
Чьи склоны золотистые собою
Венчают два коралловых соска.*

*И склоны, и вершины тех холмов
Ты осыпаешь, словно лепестками,
Своими поцелуями. И знамя,
В горячем воздухе простёртое, - Любовь...*

... Пустым устоям верность сторожа,
Рассудок лжёт о правоте запрета.
Неодолимо призрачное вето,
И чашу мне в руках не удержать.

От ласк твоих неистовых пьяна
И с каждым поцелуем – всё пьянее,
До дна ту чашу осушить не смею,
Хоть летом стать торопится весна.

Мне не понять смятенья твоего.
Что искажает плавное смещенье
Волны и солнца?.. Странное смущенье
Скользнуло тенью, - только и всего...

Сплетаясь тесно, тело к телу льнёт,
Не обретя потерянного рая.
В неутолённой жажде догорает
Наш день. И на губах – полынный мёд...

Дыханье поцелуем оборвав,
Несбывшееся всё равно воскреснет.
И не подвластна времени "Песнь Песней",
И вечно юны древние слова...

... За грех неведенья, - не самый тяжкий грех,
Всю жизнь платить мне – и не расплатиться...
А солнце встрепенувшейся жар-птицей
У края неба убыстряет бег.

В одну и ту же воду не дано
Войти ещё раз. Приговор исполнен.
Но, поднимаясь, ты сказал: "Я помню,
Как ты не любишь илистое дно...".

*... И небо не разверзлось над тобой.
И гром не поразил тебя за ересь, -
Хотя ты точно в цель попал, не целясь...
Ни трещины на тверди голубой...*

*... Но для меня за этой фразой – мир,
Куда меня унёс ты. Летний полдень
Нестынущим теплом ещё наполнен...
Возьми назад слова свои, возьми!..*

*А наяву объятия пусты
Необратимо, как Земли вращенье...
За эту память нет тебе прощенья,
А за любовь, - его не просишь ты.*

*Набатом несмолкающим звучит
Безжалостное:"... Помню... помню... помню..."
И никуда не деться от него мне,
И сна не ждать в пылающей ночи.*

*Разрушены и сожжены мосты.
Но тьма и свет сошлись двуликим клином
В той точке на пути, - таком недлинном, -
Где нить, не глядя, обрываешь ты.*

*Причин и следствий несомненна связь.
Не в силах изменить я ход событий...
И нет на свете истины избитей, -
Мёд убивает, ядом становясь.*

Вечерней не рассеять темноты.
Погасли тусклых витражей осколки...
Их острые края всё так же колки.
Уходит день. И с ним уходишь ты.

1988

День в сумерки вмерзал, уже не грея

***

... Что, если б ты не отступил тогда
Перед наивностью моей высокомерной...
Насколько проще было бы, наверно,
Оставшуюся жизнь предугадать.

Не в иллюзорном мире, - наяву
Я, может быть, смогла бы жить, - не знаю,
И радовалась бы дождю и маю...
Но я тебя опять из тьмы зову.

Отбрось свой страх. Останься. Не спеши
То стылое оставить пепелище,
Где искры жадной больше не отыщешь,
Хоть всю золу в нём перевороши...

Я всё-таки должна тебе сказать
В последний раз, - действительно последний, -
Что до сих пор тот вечер помню летний,
Сгоревший столько лет тому назад...

... Ещё в окне-камине тлел закат.
Но в комнате тускнел багровый отсвет.
И гасла мысль нелепая о сходстве,
Что было невозможно отыскать...

Что было общего в знобящей тишине
И жарком взрыве нежности вчерашней?..
Что надвигалось тяжело и страшно,
Как тень отчаянья в том давнем вещем сне?..

Ты об исходе неизбежном знал
И ждал с досадой, обречённо и устало...
А я, не различая слов, листала
Случайно подвернувшийся журнал.

Молчанье громоздилось, как стена,
И бездною зияло между нами.
Срывались фразы хрупкими камнями
И рассыпались, не достигнув дна.

И не было над пропастью моста, -
Пусть нити тоньше, лезвия острее...
День в сумерки вмерзал, уже не грея,
От предопределённости устав...

Меня за дерзость наказать решив,
Лишили разума насмешливые боги.
Уже был вынут жребий мой убогий.
Ты ночь просила? Ночь – твоя. Греши!..

Ведь я же слышала, что ты сказал вчера,
Но смысла слов понять не захотела, -
Огнём забытым так пылало тело,
Что время отступило, - до утра.

Преодолев проклятье немоты,
Слова взметнулись, - огненная стая
Искр догорающих... И темнота пустая
Их приняла, так и не дав остыть.

От жара нерастраченной любви
Ты отстраниться не посмел. И пламя,
Лёд отчужденья многолетнего оплавя,
Нас охватило, губы опалив.

*Из тьмы и праха снова вдруг возник
Мир ослепительный, каким он был вначале
Для нас двоих. Но мы не замечали,
Как был тогда невероятен каждый миг...*

*... Сценарий сотворенья мира стар.
В начале всех начал звучало Слово.
Его в растерянности произнёс ты снова,
Ту недоговорённость наверстав...*

*И пусть не то, - единственное, - тьму
От света отторгающее с силой, -
Ты выдохнул: "Прости..." И я – простила
Тебе грехи твои. Быть по сему...*

*... И ночь – была. Как раньше, - ярче дня.
Нежней, чем утро. И мудрей, чем вечер.
А чёрно-белый мир был радугой расцвечен,
Как будто ты ещё любил меня...*

*Я заблуждениям своим верна всю жизнь,
От горькой ереси не отрекусь под пыткой, -
К тебе вернулась память тенью зыбкой,
И ты от нежности своей не откажись,*

*Не размыкай кольцо горячих рук
И жизнь вдохни в комок холодной глины...
Что ж делать, если свет сошёлся клином, -
Но останавливается гончарный круг.*

*Вдохни живую душу в эту плоть,
Тобою воскрешённую зачем-то
Сейчас, в обрывке времени ничейном,
Железной неизбежности назло,*

*И губ не отводи. Заставь забыть
Хоть на мгновенье несоединимость
Разъятых звеньев, искупленья мнимость,
Ухмылку злую несговорчивой Судьбы,*

*Молчи... Молчи... И не переходи
С наречия немых прикосновений
На суесловие ненужных откровений...
И вечер был. И было утро. День один.*

*... Так странен этот счёт. Не день, а ночь
Растянута ловушкой-паутиной
Меж вечером и утром, - сон недлинный...
Необратимость, дня приход отсрочь.*

*Как я могла забыть, что ночь – одна!..
Не терпит формула заклятья отклонений.
Двадцать вторую тысячу мгновений
Мне отмеряет ночь, - уже со дна...*

*Моё безумие, как благодатный дождь,
Вернуло жизнь обугленной пустыне.
Не надо ждать, пока песок остынет
И ты меня с собой во тьму зовёшь.*

*Но мне, как и положено во сне,
Не сделать шага. Нет в сценарии ремарки:
"Уходят". Сон вот только слишком жаркий,
Чтобы на самом деле сниться мне...*

*А сеть из сотен нитей сплетена, -
Из обстоятельств времени и места,
И что случится дальше – неизвестно...
Мне не остановить веретена.*

*Самой остановиться! Оборвать
Своей рукой нить – в никуда из ниоткуда...
Присуща изначально вера в чудо
Тому, кто добровольно сходит в ад.*

*Ты должен был исчезнуть, - без следа,
Как исчезал всю жизнь, лишь нарушала
Границу я. Мне отступить мешало
Земное притяженье тела, - как всегда...*

*Так что же наяву, средь бела дня,
Игры неписаные правила нарушив,
Ты вдруг возник? Кому предлог был нужен
Вновь ощутить тепло того огня?..*

*Увлёкшись недозволенной игрой,
Перешагнув предел невидимого круга,
Что ж не остановили мы друг друга...
И вечер был. И ночь – как пытка. День второй.*

*Ещё до срока побывать в аду
Случалось смертным. Тяжела награда
Избранничества... За пределы ада
Я до сих пор дороги не найду.*

*Зачем же лгут, что есть в аду огонь...
Там от объятий ледяных немеет сердце,
В неровном ритме издевательского скерцо
Метель там стелет простыни снегов.*

*Ты снова скован ледяной бронёй,
Неуязвим – и всё же беззащитен.
Измерен жребий. Взвешен. И рассчитан.
И льдом огонь, как призмой, огранён.*

Переменились роли. Не тебе,
А мне теперь, от стужи изнывая,
Тепла просить иззябшей птицей. Я – живая,
Но вот зачем, - не понимаю, хоть убей...

Но даже этого просить не в силах я, -
Ещё одной неисполнимой просьбы
Петлю затягивать... И это не сбылось бы.
Не согревает льда рука твоя.

В попытке тщетной обретения тепла
И в кровь краями льдин ладони раня,
Мне не преодолеть холодной грани,
Вплоть до которой я тот ад прошла.

Лёд без огня слезу не обронит.
А я от боли плакать не умею,
И, в безысходности беспомощной немея,
Не растопить мне ледяной брони.

То в сказках было, что горючею слезой
Потерянных любимых возвращали,
И в новой жизни с ними не прощались,
И был безоблачен и светел горизонт.

Из книги сказок грубо выдраны листы.
И не спасти самовлюблённого мальчишку
С оледеневшим сердцем. Слишком поздно.
Слишком.
Что там с ним дальше было, помнишь ты?

Тебе головоломку не сложить.
А я не знаю ни приёмов, ни решенья,
И не владею даром воскрешенья...
Что ж с этой жизнью делать мне, скажи!

Не надо спрашивать. Ответ ещё страшней,
Чем заданный вопрос. Пора очнуться.
Вчерашней ночи наважденьям не вернуться,
Бег не замедлить ускользающих теней,

И, задыхаясь в пустоте немой,
Слов проклятых не повторить: "Мой милый..."
Колючим инеем – они во тьме той стылой...
Давно не милый. И тем более – не мой.

Но прихотью судьбы тебе дана
Слепая власть над этим грешным телом.
Несправедливость в том, что за пределы
Любви дотлевшей простирается она.

Шесть дней понадобилось, чтобы сотворить
Наш мир с его обманчивой свободой
Путь избирать. До самого исхода
Он обусловлен. И витка не повторить...

А ты сумел за несколько часов
Мир воссоздать, - действительный и мнимый, -
За ночь одну. Но так необратимо
Вращается Фортуны колесо!..

Ветхозаветный повторяется сюжет:
Грехопаденье – и изгнание из рая.
Опять во тьму, пути не разбирая,
Бреду я. Но тебя со мною нет.

Ты там остался, в леденящей мгле.
Какие тени, словно хлопья снега, -
А может, пепла? – оседают с неба?
И разве вправе ты о чём-то сожалеть?

Не мною ты на пытку обречён.
Сама судьба с тобою сводит счёты.
И, может, чуда будешь ждать ещё ты,
Но не дождешься... Я здесь ни при чём.

Я не хотела боли причинять
И не искала утоленья жажды в мести.
Ещё мгновенье, - но с тобою вместе...
За что же так наказывать меня?

Каких грехов чудовищная кладь
На плечи лечь должна, чтоб не из рая, -
След прошлой ночи в памяти стирая,
Меня из ада моего изгнать?

Как выглядит твой ад – тебе видней.
Моя любовь тебя спасти не в силах, -
Она всего лишь невозможного просила.
Как ты отчаянно боялся встречи с ней...

И не сейчас, не сразу я пойму,
Чем платишь за содеянное зло ты.
Ни сребреник, ни медный грош, ни злотый
Не возместят потери никому.

Совсем не ангел с огненным мечом
Встал у порога, путь обратно преграждая.
В пустыню мёртвую, где не дождусь дождя я,
Лежит мой путь. Но кто был палачом?

Нельзя казнить любовью за любовь.
Нет в том её вины, что оборвётся
Она лишь с жизнью. Ниточка прядётся,
И оборваться может в день любой.

*Пора бы знать – вполне неясен смысл
Любых предчувствий, голосов и откровений.
Оракул множество предполагает мнений, -
Всех вариантов не просчитывает мысль.*

*Вот так всё и сбылось: слепящий свет
Замедленного взрыва – и немая,
Непроницаемая тьма. Судьбу ломая,
Реальность навсегда сменяет бред.*

*Всё рухнуло. Из праха сотворён,
В прах обратился мир, чьё бытие короче
Купальской ночи, - лживой летней ночи...
И стал июль промозглым ноябрём.*

*... Забыв, как сон, тепло любви земной,
Над своенравной памятью не властна,
Той ночи свет во тьме ищу. Напрасно...
Я помню только, что ты был со мной.*

*Но следующей ночи боль и страх,
Той пытки изощрённое бесстыдство...
Случилось, что должно было случиться,
И горек привкус праха на губах.*

*След этой ночи в памяти – как шрам,
Ноябрьской ночью выжженный, - на память...
Зачем позволено всё так же больно ранить
Истомным стонам горлиц по утрам?..*

*Осмыслив, наконец, свою вину,
Неосмотрительно с раскаяньем промедлив,
Клянусь, - тебя за ад тот многолетний
Не проклинала. И не прокляну.*

*А за осколок сохранённого тепла, -
Янтарный слиток прежней нежности и света, -
Ещё раз душу отдала бы. Только эта
Цена непозволительно мала.*

*Мне и в аду тебя не обрести.
Здесь круг иной для каждого назначен.
Но, в сотый раз твои грехи переиначив,
Я и отсюда буду звать тебя. Прости.*

*На жизнь и насмерть я отравлена тобой,
Но исцеленья не хочу. Зачем мне нужен
Другой круг ада, - но ещё темней и глубже,
Где те же тени вьются призрачной толпой...*

*Меняется от времени не суть
Истёртого глагола, - только форма.
И даже если фразы смысл разорван...
Любила. И люблю. Не обессудь.*

*Непредсказуемостью ночи, явью дня,
Где жизнь моя оборвалась иная, -
Своей любовью горькой заклинаю:
Прости меня. Прости меня. Прости меня.*

1988

***

... В одном из множества миров,
Где мне дана судьба иная,
Предосудительно верна я
И счастлива, ещё не зная,
Как приговор Судьбы суров.

Там яблоням не отцвести.
От бело-розового света,
Струящегося плавно с веток,
Глаз, ожидающих ответа,
От губ твоих не отвести.

Ещё не сказаны слова.
Ещё всему дано свершиться, -
Воздвигнуться – и сокрушиться...
И смысла жизнь моя лишится,
Успев наполниться едва.

Что толку вновь перебирать
Те потускневшие осколки, -
Слова, догадки, недомолвки, -
И, распрямляя кривотолки,
Значенье их перевирать...

А может, было суждено
Ещё тогда, в самом начале,
Оставив детство за плечами,
Пригубить терпкое печали
И безысходности вино?..

1988

На рамах распят новый день

***

*Петлёй стянула темнота
Предел назойливого света,
И освещает сигарета
Лишь складку жёсткую у рта.*

*Печальной песенки слова
О том, что ты не любишь больше,
Такую причиняют боль же,
Как то, что песенка права.*

*Толкнула музыка к тебе,
И захлестнуло вдруг, как прежде,
Удушье тех желаний грешных,
Угаданных в немой мольбе.*

*Непримирима и резка,
Мелодия звучит упрямо.
Чернее ночи окон рамы,
И гулко кровь стучит в висках.*

*Вновь, словно жизнь тому назад,
Виска щека твоя коснулась.
Как призрак, прошлое вернулось,
Взглянув насмешливо в глаза.*

*И наяву, а не во сне,
Беззвучно рухнула лавина.
Пусть истина неуловима -
Здесь, в темноте, она ясней.*

"Прости... Я ничего не знал...".
Так этих слов ждала не зря я,
Чтобы, доспехи фраз теряя,
Ты, наконец, мне их сказал...

...Упрямой памяти волна
Нас унесла с собой куда-то,
Где нет ни времени, ни даты,
И где воздастся нам сполна

За преданность одной любви
И за предательство, что ложно
Зовут судьбою осторожно...
А ложь есть ложь, - как ни зови.

Молчанье – ложь. Не ложь – слова,
Упавшие, как меч на плаху:
"Мне всё равно теперь..." И смаху
Была отсечена глава...

... Потом об этом. Не сейчас,
Пока ещё хоть что-то сбыться
Успеет.... Только бы не сбиться
И не напутать сгоряча...

Умолкнувшая, в тишине
Шурша, вращается пластинка.
И не растаявшая льдинка,
Как в берег, в сердце ткнулась мне...

Торосом вздыблен потолок...
И заскользили стены плавно...
Чтоб помешать спросить о главном,
Пол увернулся из под ног...

Прикосновений сладок яд.
И под ладонью, словно птица,
Неровно будет сердце биться.
Искать ответа будет взгляд.

И так желания просты.
И так смуглы янтарно плечи...
Но почему к себе привлечь их
Сейчас так странно медлишь ты?..

... О, как ты дерзок был тогда,
Как был неукротим и нежен!..
Как мир тот намертво заснежен,
Как там свирепы холода...

Зачем я помню до сих пор,
Как всё сама тогда решала,
Какой была шальной и шалой,
Как взгляд встречала твой, - в упор...

Так были сдержанны слова –
И возмутительны объятья,
Что забывала их разъять я, -
Все заплетала трын-трава...

Тебе знаком был жгучий вкус
Запретного плода. И снова,
На тел влечении основан,
Был непреодолим искус.

И пересохших губ твоих
Уже не утоляли жажды
Те поцелуи, хмелем каждый
Дурманящие нас двоих.

Я всё ответов не найду,
Что удержало нас у края,
Не знаю, - ада или рая, -
На счастье, - или на беду.

Так и не довелось узнать,
Что потеряла, не имея,
В той цепенеющей зиме я, -
Всё скрыла снега белизна.

Костёр оставленный погас,
Но губ, не помнящих запрета,
Огонь под снегом тлеет где-то,
Не согревая больше нас...

... И не успели, как всегда,
Мы ни о чём сказать друг другу.
Опять по замкнутому кругу
Несется прежняя беда.

Не остановит всё равно
Губ наших соприкосновенье
Запретной нежности мгновенье, -
Давно за нас всё решено.

Все в Лабиринт ведут пути.
Из тупиков хитросплетенья,
В котором снова бьюсь, как тень, я,
В тот мир дороги не найти.

Неубедительны сейчас
Рассудка доводы сухие.
И отпускаю все грехи я
Тебе опять, - в который раз...

«Я ничего не знал.... Прости...»
И расставанья неизбежность.
Твоя беспомощная нежность
Заставит вновь свой крест нести.

Ты взгляд отвел смущенных глаз,
И запоздалая расплата
На южный берег циферблата
Угрюмо выплеснула нас.

Ночь растворилась, как в воде
Бесследно тает капля туши.
И воркованье горлиц глуше –
На рамах распят новый день.

То на Купала ночь была,
Но, камнем и асфальтом смята,
Без колдовства реки и мяты
Расправить не смогла крыла.

На эту краденую ночь
Я жизнь поставила и душу.
Но мой светильник был потушен,
И тьмы теперь не превозмочь.

Я всё предугадать смогла, -
Всё было так, как я просила
У безымянной тёмной силы, -
Но не удар из-за угла.

В моё заклятье, словно вор,
Преступная неточность вкралась –
В нём главного не досказалось,
И был разорван договор.

*Прядёт Клото прилежно нить.
Лишь удостоенных закланья
Осуществляются желанья.
Каких богов за то винить?*

*Как очевидность не принять,
Что для пустого постоянства
Нет времени и нет пространства,
И нет прощенья для меня.*

*Мне нет прощенья не за ту
Почти нечаянную жалость,
За детский спор, - смешную шалость, -
И за святую простоту.*

*Что, право, хуже зол иных;
За скованность и умолчанье,
За маской скрытое отчаянье,
За ощущение вины.*

*И для тебя прощенья нет
За тусклое непониманье,
За небыли невспоминанье,
За появленье, - не во сне,*

*Отнюдь о прошлом не скорбя, -
За вне меня существованье,
За удрученное незнанье
Того, что я люблю тебя.*

*Прости же за нелепо так
Разыгранную половину
Той жизни. Выигрыш прикину, -
В руке - истершийся пятак.*

1989

***

Так безнадёжно я тебя хочу.
Зов тела так мучителен и тёмен,
Что, забываясь в тягостной истоме,
В грехах своих не каюсь я ничуть.

*Грехи мои нелепы. И за них
Несоразмерна тяжесть наказанья –
Неисполнимые мне сохранить желанья,
Отягощавшие всю жизнь сильней вериг.*

И мне ничуть не жаль того огня,
Что телом нищих я согреть пыталась.
Ведь им хоть искра малая досталась,
Но не было дано согреть меня.

Ночь на Купала в душной темноте
Меня к чужим плечам толкает властно.
Но память тела зла и беспристрастна,
И руки вновь не те, не те, не те.

*Как Цербер, память выход стережёт.
А я не тороплюсь пределы ада
Оставить. И спасать меня не надо, -
Горящего огонь не обожжёт.*

*Тот ад – во мне. И откровенья свет
Слепит глаза сквозь сомкнутые веки –
Родник иссяк. Вспять не вернутся реки, -
Тебя, что я любила, больше нет.*

*Нет – и не будет. Окаянным снам,
Бесстыдно лгущим о невероятном,
Уже не сниться. Нет пути обратно.
А в этой жизни не столкнуться нам.*

*Да нет, ты благоденствуешь вполне,
Но что мне до твоих забот сегодня,
Когда я знаю, что случайность-сводня
Тебя коснуться не позволит мне,*

*А если и позволит... Столько глаз
С холодным любопытством отмечает,
Что взгляд мой непростительно отчаян,
А фраза тетивою напряглась.*

*Сорвавшиеся смыслу вопреки,
Слова опять не достигают цели.
Они не остудили, не согрели
Ни лба горящего, ни стынущей руки.*

*Косяк распятьем врезался в плечо,
И от ремней невидимых запястья
Поникли. Тень растоптанного счастья
От фраз прощальных корчится бичом.*

*Я знаю, что тебе я не нужна,
И страсть моя постыдна и постыла.
Что ж память в груде пепла не остыла,
И шея так бессмысленно нежна?..*

*Я камнем кану в омут забытья, -
Бездонный омут горечи полынной.
Меч отвести от головы повинной
И о тебе забыть не в силах я.*

*Безумие моё сильней меня.
Из бездны прошлого к тебе опять взываю.
Бредовые виденья сны взрывают,
На краткий миг действительность сменя.*

Ночь сгинет. И безрадостный рассвет,
Как старый друг, поднимется навстречу.
Не заблуждаясь, я ему отвечу:
"Всё, как всегда... Мне искупленья нет".

Я сожалею только об одном –
Что чашу в срок пригубить не посмела.
И осеняет горестно омела
Летучим пеплом устланное дно.

Сентябрь 1990

***

Начало года – вовсе не январь.
И снежный сон – лишь завершенье года.
Не спорит с расписанием природа –
Упорен в заблужденьях календарь.

Начало года – там, в осколках льда,
В слезах сосулек по зиме ушедшей
И в ожиданье счастья сумасшедшем,
Что схлынет, словно талая вода.

Несметны и не сметены пока
Наносы сора, пыли отложенья, -
К истаявшему году приложенье.
Его не стоит этим попрекать.

Пройдёт пора безвременья, - и вот
Уже весь мир одет в траву и листья.
И не узнать бы мне, не оглянись я,
Что начался в апреле новый год.

Весна 1991

***

Драконом дремлющим чернеет гор хребет.
Иззубрен гребень остриями елей.
Но там, за ним, всё ярче и смелее,
Крыло расправить пробует рассвет.

В тумана не запутавшись сетях,
Из плена ночи вырвалась жар-птица,
Чтоб в синеву, ликуя, устремиться,
Иллюзию свободы обретя.

Ручей бормочет что-то меж камней,
Но луч его в потворстве уличает
И зажигает свечи иван-чая.
А тени всё короче и темней.

И аметисты агалик-травы
Сияют, как сиреневые искры,
И вздрагивают от касаний быстрых
Пчелиной деловитой головы.

Трав колдовских зелёный шумный хор
Шуршит и шепчет о своих ночных виденьях,
И ночи на Купала наваждения
Ещё не тают, дню наперекор.

Как замки, громоздятся облака,
Нагретой хвоей пахнет так дурманно...
Перебирает пряди влажного тумана
Невидимая тёплая рука.

И, преломившись в капельке росы,
Луч прозвенит по семиструнью спектра.
Ровнее, чем моё, дыханье ветра.
Осколки этой ночи не рассыпь...

Что за строптивость суждено взамен?
Суров закон земного притяженья...
Неотвратимо ночи приближенье,
И снова – тьма, отчаянье и плен.

Лето 1992

***

Промозглые ноябрьские дожди
Заштриховали киноварь и охру
Карандашом свинцовым. Город мокрый,
Ссутулившись, затих. Но подожги

В несуществующем камине щепок горсть,
Бинты берёсты, скрученные туго,
И ворох стружек, что давно наструган
Для жертвоприношения. И гость

Случайный, - или очень долгожданный, -
Придвинется к поющему огню,
Произнеся невнятно: "... Да, недавно...
Впервые ли я здесь?.. О нет, отнюдь...".

И бормотанье капель за стеклом
Из пёстрых роговых ворот, как птицу,
Сон лживый выманит о лете. Пусть он снится,
И, хоть во сне, но станет вновь тепло.

А я в твой сон вплетусь простым вьюнком
И твои плечи оплету руками.
И, может быть, ещё смягчится камень
И дрогнет, словно сердце, под рукой.

Осень 1992

***

Не изменились правила игры.
И так банален ход избитого сюжета...
Вполне простителен влечения порыв, -
Преступна просьба о прощении за это.

Смешно – до слёз. И до смешного жаль,
Что только хмель был этому причиной.
Что станет с бедным пламенем свечи той?
Её задую, не доворожа.

Так чью ж я тень пытаюсь различить
В пространстве призрачном зеркальной анфилады?
Нет с Провиденьем никакого сладу,
И скрыто будущее тысячью личин.

Колеблющийся бледный огонёк
Затеплился всего лишь на мгновенье,
Но всё не отступает наважденье,
И вновь земля уходит из-под ног.

Ты женщину, уснувшую во мне
Холодным сном, уже со смертью схожим,
Бредовым откровеньем потревожил.
Не помню пробуждения больней.

К чему тебе прощение моё?
И мне, зачем раскаявшийся грешник?
Ведь я в своих грехах не каюсь прежних,
Хоть непрощающе трещит в костре смольё.

Ты просто стал одним из палачей.
Последним самым. Самым беспощадным.
Но кто бы смог ещё, как я, прощать вам
Бесстыдство недозволенных речей?..

И я, не опуская глаз, приму
Судьбы своей скупое подаянье
И, не склонясь в притворном покаянье,
Сойду с костра, - или с ума? – во тьму.

Ведь я всю жизнь была сильнее вас,
Мои возлюбленные, - наказание господне...
Как вы, должно быть, счастливы сегодня,
Освободившись от моих неловких ласк.

Как я устала вам грехи прощать...
Их тяжесть на мои осела плечи.
Так что ж теперь, мне душу искалечив,
Вы больше плоть мою не в силах укрощать?..

Поэтому прощаю всё: и страх,
И виноватый взгляд, и жалкий лепет...
Мой вымысел был так великолепен,
И ткань его причудливо пестра.

Я знаю, это всё в последний раз
Мне послано, - не думаю, что небом.
Но может явью обернуться небыль,
Пока ещё светильник не погас.

Нельзя играть с огнём. Смешон запрет
Своей банальностью, но справедлив по сути.
Так пусть меня за ту игру осудит
Тот, кто, как я, не задыхался на костре,

Кто за собой не чувствовал вины,
В своей проклятой правоте сгорая,
Кто изгнан был безжалостно из рая –
И о грехопаденье видит сны...

Грех прелюбодеянья – смертный грех.
Он в перечне грехов какой по счёту?..
... Опять не от стыда пылают щёки –
Неодолим соблазн участвовать в игре,

Опять, высокопарностью греша,
Пытаюсь оправдать я вашу слабость...
Мне так нужна отравленная сладость –
Свои грехи из праха воскрешать.

Не для раскаяния, нет... Пусть я сама
Во всех своих несчастьях виновата...
Но почему так непомерна плата
И с каждым годом всё длинней зима?

Я знаю, - стоит лишь задуть свечу –
И жалость с нежностью уже неразличимы.
Но, если не дано мне быть причиной,
Я стану следствием, подобно палачу.

Все предали. Мой выбор, как всегда,
был так неверен и невероятен...
Но даже Солнцу не избавиться от пятен.
Что ж можно на Земле предугадать...

И ты предашь, как предавали все,
Кого я нежностью ненужной одаряла.
Я вас за это никогда не укоряла
И никогда не стягивала сеть.

Будь проклят, - или будь благословен
Тот отблеск, - свет иного измеренья.
Но там часы спрессованы в мгновенья
И так недолог наважденья плен...

*Теперь я знаю, как мне следовало жить, -
Как будто каждый этот миг – последний.
Ведь можно будет в день любой ослепнуть
От боли, безысходности и лжи.*

*Ну, появись же! Просто я хочу
При беспощадном свете дня тебя увидеть.
Ведь мой каприз не может быть обиден, -
Мне так не хочется ещё гасить свечу.*

*Дай ночь мне. Вечер... Несколько часов!..
Я не хочу отсчитывать мгновенья
Неровным гулом своего сердцебиенья.
Пусть отмеряет их бесчувственный песок.*

*Я так хочу, чтоб не случайный луч,
Пробравшийся сквозь шторы на подушку,
Ласкал меня легко и равнодушно...
Воображение, несбывшимся не мучь!*

*Остановился маятник давно,
И ссыпался песок в часах песочных.
Построенное на песке – непрочно.
А впрочем, это тоже всё равно.*

*Я так хочу ещё поверить лжи!..
Но никогда не повторится чудо,
И палачом становится Иуда,
Тем поцелуем отнимая жизнь.*

*Возмездие лишь ждёт своей поры.
Действительностью вымысел не станет,
И всё реальность по местам расставит.
А я... Ну, что ж. Я выйду из игры.*
1993

Как этот диалог безмолвный труден

***

*Прекрасны и мудры, - не мне чета! –
Те, что моих любимых отнимали.
Вы их, должно быть, жарче обнимали
И цену прелестям умели рассчитать.*

*Одним движением лилейного плеча
Вы отнимали их рассудок бедный,
И не было спасенья им из бездны, -
Вы так умели вовремя смолчать!*

*Я всё молчать не научусь ещё.
И в счёте не сильна. А торг окончен.
Звенит нетерпеливо колокольчик.
Плачу, не плача. Разве слёзы в счёт?*

*Своим грехам я счёта не веду
Не потому, что счёт им бесконечен, -
Тепла в них не было. Их даже вспомнить нечем.
Но может быть, согреюсь я. В аду.*

1993

***

"Подобное подобным исцелять" –
Рецепт отнюдь не нов. Надёжен способ.
Но окружающие всё же смотрят косо
На то, что я схожу с ума опять.

Конечно же, из самых лучших чувств
И, несомненно, добрых побуждений
Меня спасти хотите вы от заблуждений.
Но я совсем не этого хочу.

Ну, что за дело вам до моего
Безвредного безумия? Я снова
Поверить в невозможное готова
И от тебя хочу лишь одного:

Дотронься снова до моей руки
И удержи её в своих ладонях, -
Опять нелепой прихотью ведомый,
Рассудку здравому и смыслу вопреки...

Мне не дано принять дары волхвов, -
С любым подарком ожидаю я подвоха...
Отвергнутое – собирать потом по крохам
И за безумие своё платить с лихвой.

1993

***

*... Лишённых смысла, вылущенных фраз
Сухая шелуха шуршит в ладони.
Соломинкой над тёмною водою –
Необъяснимый взгляд холодных глаз.*

**Последнюю иллюзию отняв
И от своей жестокости не дрогнув,
Какой десятой, сотой, тысячной дорогой
Теперь ты будешь обходить меня...**

О, как ты будешь осмотрителен теперь,
Неукоснительно насторожён и осторожен!..
Тебе твоё спокойствие дороже
Попытки возмещения потерь.

*Да разве ты – терял? Ты сделал шаг, -
Всего лишь шаг из ослепительного круга...
Как плакала и хохотала вьюга,
В лицо мне стылым холодом дыша...*

Мне этим холодом так душу обожгло...
Нежданных заморозков след, как уголь, чёрен.
... Живи раскаявшимся – и за всё прощённым,
И пусть тебя не ранит эхо слов.

1993

***

... Приди с дождём, - отчаянным дождём,
Что пыль смывает с истомлённых листьев,
И будь, как он, нежданен – и неистов...
Огонь быть может искрой возрождён.

Приди со взбалмошной июльскою грозой,
Пух тополиный с плеч, как снег, сбивая, -
И снова позабуду все слова я,
К плечу прильнув упрямою лозой.

Приди с холодным плеском ноября,
Однообразным удручающим стаккато
Иглой в висок вонзившимся когда-то....
Там, над виском, - серебряная прядь.

Приди дождём. Тем самим. Золотым.
Предначертания Судьбы неколебимы.
И всё исполнится, как должно, мой любимый,
Жаль, - по другую сторону черты...

А здесь уже не будет ничего.
И некого молить об исполнении
Безумных просьб. Достаточно вполне мне
Знать, как сбывается слепое колдовство...

... И музыка лишь причиняет боль.
Но я теперь уже умею плакать.
И, может, в этом – истинное благо:
Рыдать, отбросив недоигранную роль...

... Смирись со смыслом слова "никогда",
А его необратимостью и тьмою.
Оно есть среднее меж смертью и тюрьмою, -
Как тень, за мной бредущая беда.

*Сплети слова. Стяни таким узлом,
Чтоб, обретая силу заклинанья,
Они лишили жизни те желанья,
Что душат ночью тяжело и зло.*

*И в зеркало взгляни. Поверь ему.
Оно единственное лгать тебе не будет.
Как этот диалог безмолвный труден...
Как взгляд в стекле отыскивает муть!..*

*Стекло здесь ни при чём. Судьба сама
Резцом отточенным штрихи свои наносит.
И если можно увернуться от вопросов,
То вот ответы могут жизнь сломать...*

*А этот узел так легко рассечь, -
Сплетенье отречений и запретов...
Но я пытаюсь уклониться от ответа,
Безжалостного, как Дамоклов меч.*

1993

***

... А многословие – простительный порок.
Когда молчанье измеряется годами,
Многоречивость – нечто вроде дани,
Снопами фраз взимаемый оброк.

А в колос фразы втиснуты слова.
Их ритм определён чередованьем
Слогов, неодолимым, как дыханье.
И знаки препинания – как трава...

1993

***

Рождественская оттепель... Смешалось
Всё в датском королевстве, - и у нас
Неладно что-то... Уж в который раз,
Презрев порядок всех вещей и соцзаказ,
Себе природа позволяет шалость –

От опостылевшей рутины уклониться,
Смахнуть фигуру с шахматной доски:
Сугробы, наледь, изморозь... Виски
Заиндевевшие... Всё оттепель. Туман...
Деревья отсыревшие... Зима?
... И вечный дождь. Зима нам только снится...

Звенит почти весенняя капель,
Асфальт исходит паром, - как в июле.
Бурлят ручьи, как кипяток в кастрюле...
Не те листки календаря перевернули
Там, наверху. И жаворонка трель

Вот-вот раздастся. Рвутся из земли
Мечи зелёные воспрянувшего войска.
И ничего, что так узка полоска
Земли, оставленной для украшения двора, -
Тепло нелепое – клич боевой: "Пора!.."
Так что же, вновь дракона зубы проросли?..

Зима 1994

***

... Нет, мне тебя увидеть не дано.
И ни к чему заклятья и обеты, -
В руинах горькой Пирровой победы
Безумие моё погребено.

Но чьё же это чёрное крыло
В сон погружает утомлённый разум?..
Чей голос повторяет снова фразу –
И нет спасенья мне от горьких слов...

Каких чудовищ порождает этот сон...
Причудливей химер. Неукротимей
Неистовых менад. И ты прости мне,
Что каждый грех твой в перечень внесён.

Трудолюбивей и заботливей пчелы
Несёт с собою слово каплю яда, -
Жаль, не смертельного. И таинство обряда
Рождает искру в пригоршне золы...

Но вереницею нетопырей и сов
Слова несутся прочь... Шипящих шорох,
Звон комариных гласных стихнет скоро,
И вновь со мной - лишь тени голосов.

... И снова подступает немота.
Всё сказано. Ничто не изменилось.
И не дарована великодушно милость
Мне быть услышанной без слов. Всё – суета...

Молчу, чтобы меня услышал ты.
Но что ж молчание моё так многословно...
Я верить больше вымыслу не склонна.
А сны, как прежде, издевательски пусты.

Как непростительна, должно быть, та вина,
Что наказанье так невыносимо...
И чёрный росчерк ласточек по сини
Мне не увидеть, - разве что во снах...

Но сны отменены... И в приговор
Внесён запрет на бред и сновиденья.
И не представить, что нашла Эдем я, -
Вошла... Но что же нет там никого!..

... А явь – всего лишь спутанный клубок,
Где боли нет конца. Но есть начало...
Извлечена стрела из лёгкого колчана,
И круг девятый тёмен и глубок.

1994

***

*... Не всколыхни со дна души
Тяжёлой горечи осадок.
Родник опять стал чист и сладок,
Когда размыло смысл грешить.*

*И что же это за грехи,
Чей давний жар так чист и светел,
Что до сих пор не стынет пепел,
А превращается в стихи...*

*Сторицей расплатилась я
За блажь любить и быть любимой,
Неутолимость жажды мнимой
И расщеплённость бытия.*

1995

***
Вполне бессмысленно дарить
Нелепые дары:
Обугленные ноябри,
И глинистый обрыв

Холмов прерывистой гряды
Вдоль берега Днестра,
И синеватый горький дым
Погасшего костра.

Как в прошлое, уходит взгляд
В густую синеву,
Что налита до края, всклянь,
Во снах, - как наяву.

Бездонной чаши глубину
Реке не расплескать, -
Осколком кобальта блеснув,
Укрыть его в песках...

...На фотографии цветной –
Другие берега.
Но это – красок лишь пятно,
Двумерный суррогат.

И тридцать с лишним лет – лишь дым
Погасшего костра.
Но в толще стынущей воды–
Тех отблесков игра...

...Я знаю только: уходя,
Я тоже оглянусь
И реку в крапинах дождя
Увижу... Ну и пусть

*Я тоже в камень обращусь, -
Не в столп же соляной! -
Чтоб стала пресная на вкус
Вода морской волной.*

*Но в том же ракурсе блеснёт
Там, далеко внизу,
Реки не вплавленная в лёд
Поблёкшая лазурь...*

*... Единственный подарок мой
Нелепо отдавать...
Ведь не сумой и не тюрьмой
Оборвалась глава.*

*И ты, конечно, будешь прав, -
Правее правоты, -
Что, до конца не долистав,
Тетрадь отложишь ты.*

*Ведь тот костёр на берегу
Дотлел давным-давно...
Ты знаешь, я себе не лгу:
Мне тоже всё равно,*

*Что ты подумаешь, скользнув
Глазами по строкам,
Избороздившим белизну
Бесстрастного листка,*

*И что с подарком учинишь, -
Сотрёшь – или сожжёшь.
Ведь так несложно сочинить
И жизнь. И страсть. И ложь...*

*... Ни словом я не солгала.
Что толку мне во лжи...
Стать явью так и не смогла
Придуманная жизнь.*

*Обет молчанья разорвав,
Я не произнесу
Ни слова... Прерванных нирван
Всех слов не стоит суть.*

*И всё-таки... Не укоряй,
А протяни ладонь.
Пусть рукописи не горят, -
Ты брось её в огонь.*

03.1995

***
Всем воздаётся по заслугам здесь,
Где Зло ещё не потеряло силы.
Харибды бездна, лай собачий Сциллы
Не в силах Ужас удержать в узде.

Укоры Совести бессильны и постылы.
Но, руки к небу в сокрушении воздев,
Мы вспоминаем о негаснущей Звезде
И крест нести свой обретаем силы.

Но плевелы вновь всходят в борозде...
Чему обязаны мы, - лепте или мзде? –
Что искру укрывает пепел стылый?

Огня не возродить в промозглой мгле.
Что из того, что тлел он на Земле...
Ведь мы здесь тоже некогда гостили...

4.1995

***
*Есть женщины, достойные всех благ, -
Неважен возраст, - старше ли, моложе...
Их Совесть за предательство не гложет.
Есть женщины... Я не и их числа.*

*Есть женщины, не помнящие Зла,
Что причиняли те, кто всех дороже...
Мне в память код забвенья не заложен.
Есть женщины... Я не из их числа.*

*Я не могла не разрубить узла, -
Он мне уже мешал дышать... И что же?
Мост хрупкий тут же рухнул. Уничтожен*

*Последний путь. Я так и не спасла
Свой вымысел от гибели. Так ложен
Последний шаг... И луч последний слаб.*

4.1995

***

...Я не хочу ни жалости, ни лжи.
Без колебаний даже тем простила,
Кому прощенья нет. Но как постыла
Тепла лишённая бессмысленная жизнь...

Уже не отогреться у огня.
Он там, в прошедшем времени, - слепящий,
Всеочищающий... Не умножай причастий.
Зачем ты, память, мучаешь меня?

Уже не прикоснуться. Не обнять.
И не поднять, прощая всё, с коленей
Без страха, без стыда и без сомнений...
Зачем ты, память, мучаешь меня?

Мою ладонь в смятенье отстраня,
Ты исчезаешь, словно день вчерашний.
В костре заката дотлевают башни...
Зачем ты, память, мучаешь меня?

И не спасает отчуждения броня, -
Ни лёд, ни камень не укроют от ненастья.
А искру снова не могу украсть я...
Зачем ты, память, мучаешь меня?

Опять, рассудка доводам не вняв,
На грань безумия сознание скользнуло,
И - ожиданье нарастающего гула...
Зачем ты, память, мучаешь меня?

Реальность в ослепленье отменя,
В пространстве вымысла я вновь ищу спасенья.
Как больно хлещет горький дождь осенний...
Зачем ты, память, мучаешь меня?

Ведь ты не можешь у меня отнять,
Как сполох молнии, короткое мгновенье
Затмения, - а, может, озаренья?..
Ты лишь беспамятством не накажи меня.

1995

А ветер звёзды стряхивает с веток

***

Сны могут сниться в наказание… назло…
… А что такое сон, - ну, по определению?
Сон просто есть невероятное сплетение
реальных обстоятельств… действий… слов…

Смиряясь, что не во сне ни наяву
не сбыться просьбам, изначально безнадёжным,
и не воздвигнуть снова, что низложено,
я слышу эха слов, приснившихся мне, звук…

… я вижу небо над собою,… но сквозь сеть
сплетенья черных, тушью выведенных веток…
Но разве небо наяву такого цвета
бывает? Вопреки канонам всем

оно не синее… не черное…. Как медь,
от дыма потемневшая… там, в зале,
что возникала у того перед глазами,
кто тяжесть мести смог нести посметь…

… Аллюзиями не тревожь Улисса тень.
… потом когда-нибудь…. Но разве мне позволят…
Непредсказуемы намерений резоны,
соткавшие основу в том холсте…

… А ты несешь меня куда-то на руках…
… я узнаю и улицу… и липы…
Ни сон… ни явь… ни память не смогли бы
меня сбить с толку…. Только облака

*там… в небе… словно тусклый медный щит,
нависли, отражая свет неверный
остывших улиц… Что ж, зима ещё, наверно,
в саду ветвями ночью затрещит…*

*Стал город просто меркнущим окном,
что затерялось меж холмов пологих
за поворотами петляющей дороги…
… и всё же не становится темно…*

*… ведь здесь, за гранью города, - зима…
… все плоскости – под пеленою снежной,
с пригорков оттепелью сдёрнутой небрежно…
… Как долго саду до весны ещё дремать…*

*… а ветер, вырвавшись из города, согнал
все звезды в сеть ветвей пустую снова…
… но эта сеть – сплетения иного…
… как низко здесь раскинута она…*

*… Мне так во сне в руках твоих тепло…
… а ветер звёзды стряхивает с веток…
Тебе идти уже мешает ветер…
… невероятен затянувшийся пролог…*

*… Чертёж ветвей и здесь читается легко…
… так только яблонь прихотливо ветви
сплетаться могут… в звёзд неясном свете
не снегом, - пеленою лепестков*

*опавших кажется мне у стволов осевший снег…
… Но ты уже со мною входишь в двери…
… а подсознанье с неусыпным недоверием
ведёт свой счёт неясностям во сне…*

... Как дверь открыть, - да с ношей на руках?..
... Иль дом незапертым оставлен был беспечно?..
А в доме так тепло... Дремотно печка
в углу гудит.... И отблески слегка

рассеивают красноватый полумрак...
... и ты меня так опускаешь осторожно
на пестротканую накидку, что наброшена
на ложе низкое.... Но сну уже пора

по всем законам жанра, где сюжет
не подчинён ни логике, ни смыслу,
качнуть весов сюжета коромысло –
и дым развеять сонных миражей...

... Мираж... иллюзия.... В иллюзии любой
хоть нить действительности вплетена в основу
сплетений лживых... Что ж присуще слову,
во сне произнесённому тобой?..

... Но отсветом нестынущим огня...
... витком незавершённым разговора...
... твои слова негромкие: «... я скоро
вернусь... Ты будешь ждать меня?..».

... Всего уместней ждать в пространстве снов,
реальности границ не преступая...
... надеясь втайне, что Судьба скупая
позволит... ну хоть сон увидеть вновь...

... слепая Сольвейг всё же дождалась...
Есть в слепоте нечаянное благо...
... иначе зрячей как она смогла бы
боль в глубине опустошенных глаз, -

*нет не увидеть... Дар кому постыл,
что «слепотою зрячести» зовётся,
способности нехитрой видеть солнце
предпочитает «зрячесть слепоты».*

*... Да, ждать... конечно.... Но не наяву,
а в том же, возведённом сном, пространстве,
где возвращаются из бесполезных странствий
все неприкаянные.... И не важно как зовут*

*скитальца... Может быть, Пер Гюнт...
Ей ждать пришлось всего лишь жизнь. Так мало...
...она тот голос всё же наяву узнала,
звенящий эхом фьордов... или дюн...*

*... с иными параллелями сложней...
Жаль, ей уже не прибежать на лыжах...
... но если ты ещё во сне услышишь
свистящий шорох лыж, скользящих по лыжне...*

*Конечно, ты не помнишь зимний день...
... но мы вдоль этой же дороги шли на лыжах...
... и потому лес оказался ближе...
Колючий белый иней был везде –*

*на изгородях... на ветвях... на проводах...
... он, ощетинясь иглами, царапал
эмаль небес мохнатой белой лапой...
... и наста трескалась прозрачная слюда...*

*... и был за белым полем чёрный лес...
Он, кажется, так и зовётся, - Чёрный...
... и в нём деревья стыли обречённо...
... ведь нет тепла в заснеженной земле...*

Как странно, что мы так ушли – вдвоём…
Где ж наши шумные друзья, ни на мгновенье
не тающие даже летним днём, - как тени…
… но зимним синим призрачным огнём

испепелённые… и стёртые…. Ведь нам
Судьба всегда скупилась так упрямо
мгновение отмерить. … И не зря мы
пытались вырваться из города… Вредна

излишняя назойливость извне…
… Вы, неотлучные участники событий,
так сокрушённо о грехах чужих скорбите…
Своих грехов достанет вам вполне.

Насквозь пронизан солнцем чёрный лес…
… в еловых иглах, словно проседь, - иней…
… в теней сгущенье – перелив павлиний…
… и в воздухе - иголок льдистых блеск…

Как по лекалу вырезана медь
дубовых листьев, почему-то не снесённых
осенним ветром…. И каким неслышным звоном
они в той снежной тишине могли звенеть…

… Так аккуратно сложены стволы
деревьев спиленных, - должно быть лесниками…
… мысль у кого из нас внезапно возникает –
в пространство синее на том плоту уплыть…

… О нет, не плот… то хворост для костра,
что для меня так хлопотливо сложен…
… иных не хуже жёсткое то ложе…
… но мне потерь ещё не ведом страх,

и я пылаю, не сгорая в том огне
прикосновений губ… и рук твоих горячих…
… и никакие тени не маячат
пока на снега раскалённой белизне…

… Неразделим тепла и света сплав,
жар не по-зимнему неистового солнца…
… и в синий омут неба плот несётся
безудержно… ликующе… стремглав…

… И тает время, словно иней, - без следа…
… теней аккордом – дня доигранного кода…
Скользнуло солнце в снег по вогнутости свода,
искусно высеченного из глыбы льда…

… И нет надёжней в мире твоего плеча…
Но в путь обратный отправляться нам пора бы…
… вот только щёку мне случайно оцарапал
значок на куртке голубой.… Блеснув в лучах

переместившегося солнца, он упал
и канул в снег, - как будто в воду канул…
… Смешно, конечно… Я его искала
потом.… Но вероятность ведь… слепа.

… Сошёл водою прошлогодний снег.
… И лес в листве уже неузнаваем.
Придумать даже не могу теперь слова я,
что, может быть, тогда сказал ты мне…

… Какие зимы были в жизни той…
Прости, что помню. Ах, какие зимы!..
… Другое всё: пространство… время… климат…
… зияет лес бесснежной пустотой…

*Но ледникового периода длинней
оледенение великое сковало
мне сердце… и не снежным покрывалом
стянуло… панцирь ледяной звенел…*

*… без сновидений – сон… и явь – как бред…
… и с этой явью всё труднее мне справляться…
Всё потому, что больше сны не снятся
и сердце, скованное льдом, не отогреть…*

*А бесконечная постылая зима
до дна промёрзшего выстуживала душу.
… и всех вещей порядок был нарушен…
… полыни горше стыл забвения туман…*

*Я, замерзая насмерть, поняла,
за что когда-то так любила зимы…
Ты был зимой со мною, мой любимый,
и потому зима была тепла…*

*… Ну, как же можно так нелепо ждать,
в недолгие минуты просветленья
осознавая безысходность ослепленья –
и в призрачном огне сжигать года…*

Со здравым смыслом без упреков распростясь
и беспрепятственно реальности сплетаться
позволив с вымыслом, бессмысленно пытаться
несуществующую призрачную связь

сна и действительности в яви сохранить…
… Не в силах вынести несносный груз запрета
на невозможное нить золотая эта,
из света солнечного спряденная нить.

... И вдруг – опять... в уже привычной тьме...
... с невероятной достоверностью деталей...
... как будто цензоры и церберы устали
следить, чтоб сну присниться не посметь, -

взрыв света, расколовший лёд... и тень...
... Свет падает в окно, что там, за мною,
распахнуто... зеленою волною
листвы, плеснувшей в меловые скалы стен...

... и, тронув бронзы тусклые стволы
цветущих яблонь, свет проснувшегося солнца
так щедро на плечо моё плеснётся...
... прикосновения лучей, как рук, теплы...

... Как неправдоподобен сон цветной...
... ультрамарин... и жгучий желтый стронций...
Нет, это просто безобидный отблеск солнца...
... и, пусть во сне, но ты опять со мной...

... Кровать старинная невероятной ширины...
... ореха охра на высоком изголовье...
Как точно тот оттенок сном уловлен...
... Ну что ж... на этом ложе могут сниться сны...

... и, в грани зеркала рассыпавшись легко
на блики радужные, луч в ногах свернётся
клубком светящимся.... И нить луча не рвётся...
... и простыни – как заметь лепестков...

... А ты откинулся на белые холмы
подушек, словно вьюгой наметённых...
... и, наконец, умолкли веретёна,
что пряли пряжу снежную зимы...

Спокойный свет в твоём лице сейчас...
... не полдень, - утро отдыхающего фавна...
... мне кажется, что я совсем недавно
забылась сном у твоего плеча...

... и, локтем на подушку опершись,
я на тебя смотрю.... В твоей ладони –
моя ладонь.... Как на рассвете тихо в доме...
Ну, хоть во сне, мгновенье не спеши,

остановись!.. Но даже в этом сне
несбывшемуся сбыться невозможно...
Неумолимым подсознанием отброшено
всё, в чём отказано Судьбою было мне...

... На расстоянии протянутой руки –
и на другом краю постылой Ойкумены...
иллюзии основы неизменны
всем доводам рассудка вопреки.

... Ладонь мою ты притянул к своей щеке
и, кончиками пальцев прикасаясь
к почти разгладившейся складке той... косая,
как шрам, она осталась там... в строке...

... скупой Судьбой разорванную нить
связал во сне ты, сам о том не зная...
... и в яви не хочу терять нить сна я,
хоть наяву нить не соединить...

... лучом звенящим возникающего дня...
... через провалы лет... и пропасть ночи...
... твой голос... тихий голос... sotto voce...
«... вот здесь... ещё раз... поцелуй меня...».

*... Но, если пропасть сна преодолев,
щеки твоей дотронуться губами,
волна реальности неистовой цунами
взметнётся властно, сна стирая след.*

*Меж сном и явью пропасть глубока...
... и глубину ту можно бы исчислить
годами.... Только вот не хватит жизни,
чтоб запылать опять в твоих руках...*

*... со дна сорвавшимся воздушным пузырьком
сквозь толщу сна сознание несётся...
... поверхностного натяжения пленка рвется...
... сон исчезает.... Как мучительно знаком*

*всех снов, бесстыдно лгущих мне, исход...
... незыблемее яви наважденье...
Как непосильно бремя осужденья
за совокупность неосознанных грехов...*

*Бесстрастным цензорским карандашом
сценарий сна безжалостно исчёркан...
... Похоже, изначально обречён он...
Исход и сна и яви предрешён...*

*Ночь вычеркнута напрочь. Ни во сне,
ни наяву тем более не будет
позволено недоброй волей судеб
сгореть дотла в том призрачном огне,*

*который в пепелище обратил
всё, что воздвигнуть тщетно я пыталась...
... а пепел унесло водою талой
снегов сошедших... Больше не найти*

*в том лабиринте вымысла и тьмы
сквозь явь ведущую к тебе нить золотую...
... Клубок истрачен.... Не ищи впустую...
Уже не вырваться из призрачной тюрьмы, -*

*хоть бейся лбом, незыблема стена...
Не из холста и крашеной фанеры, -
из глыб реальности, безжизненной и серой,
вокруг меня она возведена.*

*Я знаю за собой одну вину.
... и не свалить её на чьи-то плечи.
... и оправдать её почти что нечем.
... и время вспять уже не повернуть.*

*В том беспощадном призрачном огне
сжечь надлежало память, а не душу...
... и мир мой, может, не был бы разрушен.
... и свет иной забрезжил бы в окне.*

*Не в силах даже о беспамятстве просить, -
своими просьбами лишь гнев я навлекаю...
... Пусть приговор Судьбы непререкаем —
я не хочу светильник свой гасить.*

*В недружелюбном море кораблю
огонь негаснущий ещё укажет пристань
надёжную у берегов скалистых...
Я всё равно ещё тебя люблю.*

*Как запоздалые признания смешны...
Ну, улыбнись же!.. И того довольно,
что рассмешила я тебя невольно...
Ответственность нельзя нести за сны...*

*… Дар?.. Наказанье?.. Так и не пойму.
… Для дара – он с данайским схож отчасти…
… Для казни – слишком был похож на счастье.
Приснись ещё раз вопреки всему.*

*Теснят цитаты необузданной гурьбой
в зазор меж яви молотом и бреда наковальней…
«… Нет имени тебе, мой дальний…»
… Нет места наяву тебе, любовь.*

4.1998

Услышать снова, пусть не наяву

***

... Услышать снова... Пусть не наяву, -
во сне... в бреду... Но только бы услышать...
Все сны рассыпались осколками, не сбывшись,
но я нить памяти сама не оборву.

Я ухожу, как уходили в старину,
за три, - одно синей другого, - моря,
и, с географией промеренной не споря,
догадываюсь, что обратно не вернусь.

Как в Зазеркалье, я всё дальше от тебя,
но, очевидности слепой противореча,
с мгновеньем каждым ближе к месту встречи...
... Но там туман сгущается, клубясь....

И так неизмеримо далеко, -
нет, не в пространстве, а в судьбе капризной
разнесены две эти наши жизни -
в два измеренья, что приблизить нелегко...

... Я, ни на миг не усомнясь в неправоте
Судьбою вынесенного мне приговора,
не затевала с ней бессмысленного спора,
заслуживает ли бесстыдство тех,

кто продаёт направо и налево
любовь дешёвую и дорогих друзей, -
и не без выгоды, по видимости всей,
награды... Правосудья ждать нелепо.

*Нет, не меняемся ни мы, ни времена, -
неувядаема вечнозелёная премьера...
Лжёт без стыда слепой Любви слепая Вера,
слепой Надеждой в заблужденье введена.*

*... Я слишком чётко научилась представлять
всех обстоятельств странное стеченье...
... И декорации... и сцены освещенье...
Выстраивает вымысел опять*

*ряд реплик... цепь... И за звеном звено,
привычно скованные бредом окаянным,
неотвратимо, недвусмысленно и явно
рассудок тянут вглубь... во тьму... на дно...*

*... Но быть чему, - тому не миновать.
Невероятности законы не случайны.
... Тьма снова вспорота звенящими лучами.
... И так бездонна неба синева...*

*Я снова чудом вознаграждена.
... Быть может, это за молчание награда...
... За поиск света в лабиринтах ада...
... За чашу горечи, испитую до дна...*

*Ну, призови себе на помощь горький опыт,
уж если с логикой рассудок не в ладу...
... Да, интуиция предчувствует беду,
но не выводит на спасительные тропы.*

*Легко наполнить снова чашу до краёв.
... Непреходяща, словно вкус полыни,
переполняя чашу, горечь хлынет,
вновь помутив сознание моё...*

*... Свет превратить в блуждающий огонь,
что, заведя в безвыходную чащу
и тьму встревожив отблеском слепящим,
исчезнет снова в измерении другом...*

*... Моё молчанье снова станет немотой -
привычной... неотлучной... неотвязной...
Ведь проще, онемев, молчать гораздо...
... А жалости чужой позорный столб*

из пыток перечня был первым исключён...
... Но в том реестре разве мало пыток...
Песчинок золотых тяжёлый слиток
хранит сознание под памяти ключом.

*... А чтоб сокровище не превратилось в медь...
... песок... сухие листья... горький пепел,
никто и никогда на белом свете
не только прикоснуться не посметь, -*

скользнуть не должен даже жадным взглядом,
в тайник проникнув... Сказочный канон
незыблем с незапамятных времён.
... В осуществлении чудес есть свой порядок.

*Но есть сокровище, что золоту в цене
не уступает... И несметными дарами
владела невозбранно я годами...
... Молчанье - золото, дарованное мне.*

*С дарами издавна не просто... Суть даров
непостижима и непостоянна.
Дар может даже показаться странным
... Узнать, во Зло - или наоборот -*

*свалился дар, - совсем как с неба гром,
позволит лишь нежданная случайность...
... Напрасно, может быть, я золото молчанья
на слов темнеющее обменяла серебро...*

*... Зачем?... Но это риторический вопрос...
Я сказку вспомнила, - ещё из жизни прошлой...
... Мост, словно радуга, был сказкой переброшен
над пропастью... Воздушный хрупкий мост...*

*Я даже голос не могла услышать твой -
ведь интерьер всех одиночных камер
уныло скромен.... И какая же тоска в ней
со мною заперта, хоть лишь на одного*

*рассчитана та клетка.... Пусть решётки
обещанной так и не дождалось окно...
... Но почему же так квадратами оно
рассечено безжалостно и чётко... .*

*... О смене места заключенья упредить
своих клиентов, - пусть недобровольных, -
система пенитенциарная изволит...
... Какая клетка ожидает впереди?..*

*... Какая пытка изобретена...
Координатной сетью, словно птицу,
меня опутают... И не освободиться...
... Уныло выбелена камеры стена...*

*Но как сумел ты снова угадать...
... или почувствовать, как я близка к границе...
географической... И как дано сложиться
той сумме сил, не сгинув без следа?..*

*... Какую силу могут обрести
слова несказанные... Пронизав пространство
лучом светящимся... или стрелой бесстрастной,
достигнут цели... Ведь тогда достиг*

*её тот вектор действующих сил:
... пустого вымысла - и памяти неверной...
... тоски несносной - и гордыни непомерной,
огонь из пепла чудом воскресив...*

*... Сплав безнадёжности - и ожиданья чуда,
противоречащий любым законам сплав...
... Но выкована из него была стрела...
... Ответа, правда, не ждала ничуть я.*

*... Хранить сокровище с годами всё трудней...
Ведь совокупность всех семи печатей
нарушена быть может, - пусть случайно, -
непредусмотренным вмешательством извне...*

*И я подарок свой доверила волне
случайных совпадений... Ведь решенье
всех потерпевших кораблекрушенье
подсказано не логикой.... И мне,*

давно не верящей в причин и следствий связь,
лгать в этот раз уже и не пыталась
неубедительно, фальшиво и устало
та интуиция, что так изолгалась...

Переплетаются непостижимо связи всех
объектов и явлений в измеренье,
что недоступно ни сознанию, ни зренью...
... И призрачно прочна сплетений сеть...

На иррельное наивно полагаться,
но для меня реальней якорных цепей
была та золотая нить клубка... И с ней
мне было легче... Лабиринтом пробираться.

*Нить - не Судьбы... У Мойр кудель другая:
лён либо шерсть, - простое волокно.
... А золотая нить, что всё прядётся мной,
звенит во тьме, идти мне помогая...*

Июль 1999

***

Пила вино… Сухое, как земля,
и красное… такое же, как почва,
лозу взрастившая… И, вправду, кровью точно,
а не дождём здесь вспоены поля.

Лоза росу лишь душной ночью пьет…
Полынь седая серебрится там на склонах
холмов растрескавшихся… И дыханием солёным
вину вкус крови море придаёт…

А я пила за горький юбилей, -
ведь дата оказалась… полукруглой…
… И, вычислив её, далёкий друг мой,
я подивилась той нестынущей золе,

что до сих пор ещё хранит тепло
дотла сгоревшей той июльской ночи…
… и горечь всех несбывшихся пророчеств…
… и терпкий вкус произнесённых слов…

… Шёл ночью первый настоящий дождь.
Дождь в новолуние – какая-то примета, -
но вспомнить так и не смогла… К рассвету
он исчерпался… Но, когда не ждёшь

уже чудес, что некогда так щедро
вдруг сваливались, словно первый снег,
который вряд ли будет здесь подарен мне…
… До снега – мили моря… суши километры…

Пыталась я с утра предугадать,
сумеет ли сквозь облака пробиться
хоть ненадолго солнце, - как жар-птица…
…Но только серый сумрак плыл вдали.

*Реальность скована веригами причин...
... а в нереальности действительности сонной
звонок молчащего обычно телефона
от сна почти что был неотличим...*

*... Быть может, только что сейчас во сне
ты был со мною... И знакомый голос,
донесшийся из измерения другого,
сна продолженьем показался мне...*

*... Хоть так тебя увидеть... Правда, так
не так уж сильно от действительности тусклой
сон отличается... Да всё равно... Ну, пусть мне
позволен будет хоть... внечувственный контакт.*

*Мне так в реальности моей не по себе...
... По мне – лишь то, придуманное мною
невероятное существование иное.
Мне так ведь мало надо: свод небес...*

*... свобода выбора сюжета сна... Я знаю,
что мне позволено лишь терпеливо ждать...
Быть может, ночью снова упадёт звезда –
счастливый сон... Песчинка золотая...*

*Кровь солона... То моря память в нас.
... Из моря вышло человечество... Но странно,
что, несмотря на всю прибережность океана,
к луне бесстрастной тянется волна...*

*Луне над водами морскими власть дана.
... И в полнолунье эта власть всего сильнее...
... и так бессмысленно и тщетно спорить с нею, -
вся толща вод ей повинуется до дна...*

*... Вот-вот настанет полнолуние... И я
бесстыдно, как язычница, нагая,
вновь обращаюсь к ней, наивно полагая,
что будет просьба принята моя,*

*и ты опять, как жизнь тому назад,
услышишь голос мой, произносящий имя,
всё с той же нежностью, ничем не утолимой...
... и лунный луч почувствуешь, как взгляд...*

*Ты за высокопарность не кори.
... Слова ведь могут окрылять... как крылья...
Мне по ночам позволено, чтоб скрыть их,
лететь сквозь полночь – от зари и до зари.*

Ноябрь 1999

***

*"На холмах Грузии
лежит ночная мгла"*

А на горе Кармель лежит ночная мгла,
и облака, отяжелев за день, осели
на склоны... В одиноком новоселье
мне в лунном свете так недостаёт тепла...

Хоть суша от поверхности земной – лишь треть,
власть вод морских отнюдь не повсеместна...
... И есть иные транспортные средства...
Нельзя приплыть. Но можно... прилететь...

... Нет-нет, не бойся... Это лунный луч...
Метлу к фок-мачте привязал упрямый Нельсон
... Свою, в полётах истрепав донельзя,
я до поры оставила в углу...

Смешно пытаться преступить закон
земного притяжения... всего лишь...
... Но если ты, Судьба моя, позволишь
его щеки коснуться вновь виском...

ещё хоть раз... Нет, не замкнулся круг...
... Прости за азбучность, но то – виток спирали
незавершённый... Только не пора ли
снижаться?.. Ночь идёт... к утру.

... Пенорождённой... Анадиоменой...
... из моря выйдя, возвратиться в море вновь,
оставив на Земле свою любовь,
... Я не хочу вновь стать морскою пеной.

*...Чтоб в чьей-то верности увериться, всегда
надежных способов с избытком доставало...
И можно ткать годами покрывало...
... Вот только было бы кого из Трои ждать.*

*Что ж, песнопевцы лет герою не скостят...
Ведь "Одиссея" вся – о долгом возвращенье
и за неспешность возвращения – прощенье...
Ему ведь было, как и нам, за пятьдесят...*

*... Чтоб полно овладеть искусством ждать,
не хватит жизни... Что за срок – лет двадцать,
которые пришлось ему скитаться...
... А ей – днём сотканное, ночью распускать...*

*Но красной нитью неразрывно вплетена
страсть в ткань повествованья пёстрого...
...И жизнь – лишь путь от острова до острова,
где остров – встреча, что Судьбой предрешена.*

*Хор комментаторов, увы! – разноголос...
... Как примирить весь спектр противоречий?..
Что, если острова – со Смертью встречи,
которую переупрямить удалось...*

*... Мне сложно справиться с волной ассоциаций...
... опять меня куда-то отнесло...
Что, если слово "верный" в языке произошло
от горького глагола "возвращаться"...*

*... То есть – "вернуться"... то есть "повернуть"...
Вернувшись в дом, проходят сквозь ворота,
что, совершив свои пол-оборота,
знакомым скрипом завершают путь.*

*Ведь лишь бессмертные способны без труда
так внешность изменить.... Жизнь не меняет
уже начертанного, лишь обременяя
штрихами новыми, их высекая навсегда.*

*Тысячелетьями пытались оболгать
мужи, терзаемые комплексов когтями,
ту, осаждаемую наглыми гостями,
но устоявшую – назло своим врагам.*

*... И всё же.... Как же можно не узнать
того, кого любила... хоть когда-то...
Нельзя стереть бесследно отпечаток –
тот шрам... клеймо... неизгладимый знак...*

*... Улиссу вепря клык оставил след...
Стереть не властно Время след огня... и стали...
... След в детстве был металлом здесь оставлен
Вот здесь, у глаза... справа... на скуле...*

*... Как со словами ты неосторожен,
сказав мне это через столько лет...
... Такой знакомый шрам из детства на скуле.
... И я сказала, что тебя целую тоже.*

*Впечатыванье в память навсегда
того, кто первым оказался в поле зренья, -
"импринтинг". Право, слово "впечатленье"
Суть ту же в состоянье передать.*

*... Вот дальше я придумала сама,
вполне корректно расширяя те основы
биологической теории, что словом
удачно звучным названа весьма.*

*... Банальна истина не потому, что неверна.
От повторений нескончаемых и ссылок
она становится истёртой и постылой...
... и даже раздражает нас она...*

*И в том, что первую любовь нельзя забыть,
велеречивого нет преувеличенья, -
есть лишь последующих... образов сличенье
с тем, что был первым в память нашу вбит.*

*... Но совпадений быть не может никогда...
... и все объекты при ближайшем рассмотрении
Не могут выдержать бесстрастного сравненья...
... Бесстрастного?.. Вот в том того беда,*

*кто не умеет с объективностью смириться
и в добровольном ослеплении своём
в стекло невидимое год за годом... день за днём
упрямо бьется, словно пойманная птица.*

*... Я примирилась с невозможностью чудес –
ведь чудеса невоспроизводимы...
И память таяла костра летучим дымом...
... кругами расходилась по воде...*

*А водопад невероятных слов
обрушился нечаянно... нежданно...
... Ведь можно чуда ожидать годами, -
и не поверить, что оно произошло...*

*"... Я твой подарок получил. И за него
благодарю...". ... Пусть голос мой не дрогнет...
... Что светской вежливости может быть пригодней
для заполненья диалоговых пустот...*

*"... Не каждому Судьбою суждено
такой подарок получить...". И сразу
из подсознанья выплеснуло фразу,
едва ли полностью осознанную мной:*

*"Боюсь, подарок мой некстати... как всегда...
он слишком... горьким мог бы показаться...
... Но от случайности не смея отказаться,
его я всё-таки решилась передать.*

*Ты за подарок не сердись... Ведь там к нему
была инструкция приложена, - как должно.
Ей следуя, ты был ли осторожен?..
... И быстро ли мой дар исчез в дыму?"*

*... Дар – не письмо. Не может быть ответа
на многословный риторический вопрос,
пусть даже так замаскированный хитро...
... Ответа нет. Я точно знала это.*

*... И мне впервые слов недостаёт...
Годами горечь, голос отнимая,
молчать учила, только я, немая,
заговорить молчание своё*

*заставила – на языке ином,
которого оно ещё не знало.
Я говорить ему о боли приказала,
чтобы не сгинуть мне в безумии немом.*

*... И с ног сбивает слов водоворот...
... уже не уследить за смыслом речи
о вероятности невероятной встречи
на перекрёстке несходящихся дорог...*

... О том, как ты меня когда-то целовал...
... Так, значит, ты об этом помнишь тоже...
А мною каждый поцелуй стократно прожит...
... не стынут в памяти те давние слова...

Мои слова – то вороха половы,
провеиваемые с целью лишь одной:
собрать тяжёлое, как золото, зерно –
тобой когда-то сказанное слово.

Предугадать я б не смогла слова:
"... Неясностей в контексте много слишком,
и встретиться нам было бы нелишне,
чтоб тёмные места истолковать...".

... Но обвинение, предъявленное мне,
ошеломительно нежданностью своею...
... Ведь это, право, заблуждение скорее,
чем жизнь, реальность, объективная вполне,

как утверждает общепринятый закон,
нам в ощущеньях данная Природой.
... Непредсказуемее не представить поворота
за диалога непредвиденным витком...

... Что ж, значит, я блистательно сумела
сыграть ту, мне навязанную роль...
Был дилетантом лишь такой актёр, - Нерон, -
хоть посягал на лавры лицедейства смело...

Так ты и вправду ничего не знал...
... не догадался... не почувствовал, как тело
моё безмолвное в руках твоих горело...
... и добела была раскалена весна...

Мне так тогда недоставало дня,
который завершался ровно в полночь...
День каждый был тогда тобой заполнен
и обрывался, полночью звеня.

Неумолимо был закон суров.
... Была тогда я... законопослушна,
хоть исполнение чужих законов нужно
вменять в заслугу... и считать Добром...

... Как мне сердцебиение унять...
... неслышное.... Всего как дальний гром лишь...
Ведь ты сказал, что ту скамейку помнишь...
... там, под балконом... где ты целовал меня.

... И нам ещё всего семнадцать лет...
... мне с хронологией одной не разобраться, -
в шестнадцать тоже можно было целоваться...
... на уходящей из под ног Земле.

В одной лишь дате я уверена вполне:
В последнем нашем мае – восемнадцать
Нам было... Трижды намотаться
Уже успел виток тот... как во сне...

... Но, как известно, "dura lex sed lex" –
"суров закон, но он – закон". А в доме
во всех динамиках, скорей всего, назло мне, -
часов-курантов ненавистных всплеск...

Он означал, что надо оторваться
от губ твоих... и выскользнуть из рук,
ту замечательную оборвав игру...
С тобой мне... не надоедало целоваться...

Похоже, дом тот был... счастливым – для меня.
Быть может, только потому, что ты со мною
был рядом той невероятной весною...
... Я без тебя не представляю дня...

... Клонилась долу там, устав стоять,
железной сетки ржавая ограда
под тяжестью сплетений винограда, -
конечно, "дикого". ... А посреди сиял,

трав безуправных толпы растолкав,
шиповник, - буйный и неприхотливый...
Пять лепестков с жемчужно-розовым отливом...
... знак геральдический... условный знак цветка.

... Два дерева у дома... Под одним –
скамейка... Крона – прямо под балконом...
И мне с тобою здесь так защищённо...
... Вот только быстро так мелькают дни...

Вот и рассвет, что принято встречать
традиционно "шумною гурьбою",
мы встретили на той скамье с тобою...
... И сонной головы поднять с плеча

не хочется... Но золотом – на плиты,
переплеснув за винограда тёмный вал, -
вошёл июньский день... И – школьный кончен бал...
... Нет, лишь июнь... И наше лето – лишь в зените.

1999

Был контур каждый инеем удвоен

***
*Законы памяти незыблемы. Она,
у нас не спрашивая, жёстко отбирает
то, что в воде... не тонет... Не сгорает...
в огне... Но иногда во снах*

*реальностью виденья, как бичом,
хлестнёт безжалостно, отбросив странной силой
в день, распахнувшийся пронзительностью синей...
... совсем случайно... на твоё плечо.*

*... В начало нескончаемого дня
неотвратимо догорающего лета.
Но утро знобкое так счастливо согрето
твоим намереньем... опять меня обнять.*

*Ты этой ночью из холодной глубины
предчувствий... и провала в изголовье
меня ещё к теплу и лету поднял...
... И на твоём плече мне снились сны...*

*... Но этой ночью осень обвела
то лето белою колючею чертою...
Был контур каждый инеем удвоен...
... Но дню ещё достаточно тепла,*

*чтобы стереть предчувствий очертанья...
Им вопреки я счастлива ещё,
так замечательно случайно на плечо
твоё наткнувшись... И так быстро иней таял...*

*Здесь Латорица так была узка,
горами втиснутая в каменное ложе...
... Вся в бликах солнечных сродни змеиной коже
она струилась... Не было ни скал,*

*ни осыпей... Был высвечен до дна
поток в холодных каменных ладонях
пластов отмытых... Синий свод бездонен...
... Вода потока так приятно холодна...*

*...Цветы купальниц – золотом в траве,
В тени, сплетённой ивой серебристой...
... И полдень раскалён... И шелест листьев...
... Их перелистывает сонно солнца свет...*

*... День в мареве струящемся плывёт...
... жужжит пчела... веретено?.. И пряха - Парка
последним лета нашего подарком
дня золотую нить ещё прядёт...*

*... От зноя зыбкого кружится голова...
... Полёт над бездной?.. В синеву паденье?..
Не уходи ещё, прекрасный день мой!..
... как солнцем тело твоё пахнет... как трава...*

*... В руках горячих от жары ищу спасенья
... и припадаю птицей к смуглому плечу...
Ещё не знаю, что всей жизнью заплачу
за этот день промозглой тьме осенней.*

*...Ждёт утром путь обратно. И пора
спать отправляться... Но колдует пламя,
плавник сухой испепеляя на закланье...
... И мы с тобой остались у костра...*

... Я вспомнила... Так странно... лишь сейчас...
Ведь мы с тобою... пели этой ночью...
... И не фальшивил ты... да, слух похвально точен.
Мне так тепло у твоего плеча...

Ночной сверчок нам подпевал не в лад
в траве уснувшей где-то рядом... по соседству...
... Ты должен помнить этот стрекот с детства
на юге... Он похож на треск цикад.

... И не казалась нам бессмысленно пуста
звенящим светом звёзд пронизанная бездна...
... И так Судьба была прекрасно неизвестна...
По звёздам надо было не Судьбу свою читать,

а загадать, - не на одну звезду, -
на звёздный дождь, - сияющий, слепящий,
не промолчать, а загадать о счастье, -
на каждую из звёзд, что упадут...

... Звёзды упавшей не найду следа я...
Рассвет подкрался так неслышно по воде...
Когда же ночь успел сменить последний день?..
... "Счастливые часов... не наблюдают."

... Когда подписан Августом вердикт
об отречении от стынущего лета,
тысячелетним соответствуя приметам,
идут метеоритные дожди.

Через какой поток, - не Леонид? –
брести босой Земле сегодня ночью?
... К началу осени тот ливень приурочен.
... Нет во Вселенной постояннее орбит...

... И нет надёжнее опоры, чем плечо
твоё... Не все ещё упали звёзды, -
желанье надо загадать, пока не поздно...
... О чём же мне загадывать ещё...

... Ещё не знаю, как легко отнять
тепло руки... и свет звезды упавшей...
В костре так жарко догорало детство наше...
... И ты сказал, что загадаешь за меня.

Я не спросила, что ты загадал
тогда, - в конце каникул... лета... жизни...
... Не потому, что все приметы лживы, -
ты просто рядом был со мной тогда...

... И, словно яблоки, срывались золотые,
созрев, со звоном звёзды в том Саду,
уже потерянном... Я больше не найду
одна пути обратно... Ночь остыла.

... Но будет ночь отмерена ещё
стечением случайностей нелепых...
В той жизни будет эта ночь последней.
... Совсем иной начнётся дням отсчёт.

... И горы – вот ещё... за полосой реки...
Но сломан жёсткий график возвращенья.
Мы из него в своих перемещеньях
случайно выпали, - песчинкой из руки, -

всего на несколько оставшихся часов
в пространство, "полосою отчужденья"
так жёстко названное... Но последний день я
увижу там ещё... за полосой...

*... И уходил во тьму "Ночной экспресс",
что "One way ticket" назван был в оригинале.
Узнаю слишком скоро я, верна ли
моя трактовка совпадений... Будет Днестр.*

*... Уже у пропасти... на самом на краю...
тобой до крови исцелованные губы
не отведу от губ... Отравлен кубок,
а я... как будто "эликсир бессмертья" пью...*

*... и не опомниться... и не остановиться...
В одну лишь сторону даётся нам билет...
... Но горькой памятью, не стынущей в золе,
ещё одна опалена страница.*

1999

***

... Зима, звенящая, как лезвие ножа...
... Лыжня, проложенная всё к тому же лесу...
И склон, куда все радостно полезли,
чтоб с визгом, - тем, кому положено визжать, -

скатиться вниз... и удержаться на ногах...
... Совсем не всем такое удаётся...
И только ли от страха сердце бьется,
когда ты ждёшь внизу... При чём здесь страх.

... Скольженье... головокруженье... И – полёт
по склону... над?.. Он бесконечно длится...
... Влететь в твои объятия... как птица –
в раскинутые ветви рук... Блеснёт,

став светом, иней, вдруг сорвавшийся с ветвей.
... Слепящей вспышкой – тел соударенье...
... сбивающее с ног сердцебиенье...
... День, тонкий льдинкой зазвеневший в синеве...

... Прикосновение к виску горячих губ...
... снежинкой тающее соприкосновенье...
И благодарной нежности мгновенье...
... Лыжни строка двойная на снегу...

*Так что же проще день забыть вчерашний?..
Быть может, только прошлогодний снег,
что продолжает так упрямо сниться мне...
Ну что ж, считай всё это просто сонной блажью.*

... И – тоже зимнее... Сейчас – вполне по теме.
Предновогодних упоительных хлопот –
по горло... Выше... В поговорке – "полон рот"...
... В замёрзших окнах – белых зарослей сплетенье.

Что ночь – не ночь уже, а утро – не узнать...
... Так что могло бы этой ночью мне присниться?
На белой... снежной... за ночь выпавшей странице
следов цепочка недождавшегося сна...

... И от бессонной ночи голова
слегка кружится... И морозный воздух
иголками покалывает ноздри...
... Причина бодрствованья ночью не нова, -

я, как всегда, все сроки пропустив,
с обещанной газетой новогодней
до дня последнего тянула... День – сегодня.
... И, чтоб успеть газету в школу принести,

пришлось всю ночь, без отдыха и сна,
долг исполнять... И, может, поплатиться
неповторимым сном... Во укрепление традиций
творить всю ночь... Конечно же, одна, -

уже немыслимо сознаться в небреженье.
... Лист ватмана был чист, как первый снег...
Пришлось всю ночь, как каторжницу, мне
подхлёстывать своё воображенье.

... А днём – след ночи синий в той тени,
к домам прижавшейся. След призрачности синей...
... И на снегу – сиянье корок апельсинных,
что день короткий торопливо обронил.

Но самое смешное, - ты ведь вне
трудов моих бессонных и занятий...
Так почему же так безмолвно внятен
мотив, плеснувшийся на радиоволне?..

*... Вся ночь – под музыку... Спасибо Бибиси
и Люксембургу... Мы ведь танцевали
под эти записи... Теперь уже едва ли
услышу снова... Некого просить...*

*Но разуверившийся в чудесах – не прав,
Не допуская даже в слабом приближенье
Такой случайности, - вдруг... в головокруженье...
... услышать, задохнувшись, "Crazy love"...*

*... Услышать в доме, что когда-то был твоим...
... где в рамках поощряемых занятий
встречаться позволялось, чтоб... паять то,
мне заданное... Генератор?.. Вот уж с ним*

*возник "железный" повод нам под крышей
встречаться так легально... столько раз...
... а не искать такого места, где бы нас
никто ни видеть, наконец, не мог, ни слышать.*

*... Мы отгорожены от мира стеллажом
с твоим "электроскарбом"... как стеною...
Мне просто нужно, чтоб ты рядом был со мною...
...Не всё равно ли, из чего заслон сооружён...*

*Дым синим стеблем, словно над костром,
колышется над жалом раскалённым
паяльника... Что было разделённым,
соединит припой, вскипая серебром...*

*... И как прикосновений избежать...
... соприкасаются колени... руки... плечи...
Язык немых прикосновений этих вечен...
... И тает синий дым, нам головы кружа...*

*...Что ж... У тебя кружилась тоже голова...
Я просто этого ещё не понимала...
Тебе тогда уже уменья доставало
эмоции свои маскировать.*

*... Так помнить... До сих пор... до мелочей
всё – от последнего до первого мгновенья...
Клеймом остался след прикосновенья
руки горячей на моём плече.*

*... И пальцы – в шрамах от касаний неизбежных
безжалостного жала... Каждый след
я помню... столько безнадежных лет...
... И как твои прикосновенья были нежны...*

*... Прекрасней пытки не придумать... Не принять
прикосновений рук запретнее... Не вспомнить
... загадки, заданной тобой, головоломней,
что в замешательстве оставила меня...*

*... Непозволительно так снова отвлеклись
мы от работы... Дым тому виною...
... Он всё окутывает лёгкой пеленою...
... и наши руки вновь переплелись...*

*... Так властно прикасается к груди
ладонь твоя... Я не успела... испугаться...
... и новой ласке позволяю продолжаться...
... и рук не хочется твоих мне отводить...*

*... А запах разогретой канифоли –
то запах леса... лета... и смолы,
что источают сосен смуглые стволы...
... Счастливый запах... и мучительный – до боли.*

*... И – новогодний маскарад... В копне волос –
корона, - как у сказочной принцессы...
Не обруч с зубьями, каким увенчан кесарь -
серебряная лилия... Как удалось*

*её пришпилить?.. И короткий плащ
из чёрных клеток – и из клеток белых...
... О нет, я не принцесса... Королева, -
пусть шахматная... Но дана мне власть*

*над внявшими призыву влиться в ряд
ковбоями... и рыцарями... В зале
единомышленников мало оказалось,
И всё же есть они. Призыв звучал не зря!..*

*... Пусть расплылась предательская тушь
под чёрной карнавальной полумаской...
...Так трудно смыть следы нестойкой краски,
которой красила я ночью маску ту...*

*Пусть остаётся... Хоть подкрашивать глаза
категорически недопустимо в школе, -
но что поделаешь... Случайно, поневоле
запрет нарушен... И винить меня нельзя.*

*Я оставляю тронный зал, где танцы,
всей власти насладившись полнотой,
и, эскортируемая никем иным, - тобой,
иду, - в снегах по городу скитаться...*

*... Реальность так неблагосклонна к нам.
... И добровольных церберов с избытком
везде достаточно, чтоб надоевшей пыткой
присутствие своё, как клин, вогнать*

*в без их стараний разделяющее нас
пространство подчинения запретам...
... А я твоим присутствием согрета
на расстоянии зимой той... как сейчас.*

*... И можно было ведь уйти в промёрзший парк...
... Зимой там редко снег с дорожек убирают...
Среди сугробов до скамейки добираясь,
плечами сталкиваться... Так узка тропа...*

*... Замёрзнуть... И губами отогреть
мои от холода беспомощные пальцы...
... и пальцам позволять переплетаться
в той завораживающей с огнём игре...*

*... согреть твои ладони на груди...
... и так гореть от их прикосновений...
Как след огня, стереть не удаётся мне их.
... За что придумано меня так наградить?*

*Равна потере быть должна расплата
... Ей будет истинная найдена цена
на тех весах, где каждая вина
бесстрастно будет взвешена... когда-то.*

1999

***

Нет, право, танцами нельзя пренебрегать...
Но в освещённом беспощадно зале...
под школьных церберов дежурными глазами...
... Ну, нет уж... Лучше... замерзать в снегах.

Приятней праздник проводить в кругу друзей.
... Дома друзей приветливы... уютны...
... И быть не должен праздник многолюдным...
Не нужен ни Версаль, ни Колизей,

а просто дом, согретый искренним теплом...
... В своём мне доме год от года холоднее...
и мёрзну в нём не по своей вине я...
... Нет, не хочу сейчас.... Сейчас я – не о том...

О, долгожданных дней рожденья череда!..
... С общенародно отмечаемыми днями
есть тесно связанные – близкими друзьями.
Они смысл будням в состоянии придать.

... Чтоб вился вольно пасодобль иль менуэт,
когда-то в зале полагалось мебель сдвинуть.
... На круглый чёрный табурет у пианино
так ощутимо удалось нам налететь...

И – репликой в импровизированном скетче –
от робости бесстыдные слова:
"... А если мебель мной ты собираешься сбивать,
держи в руках... меня хотя бы крепче..."

... И в том же доме, но в какой-то день,
набилось нас полным-полно в гостиной,
где место всем нашлось гостеприимно...
... Кто – в креслах, кто – на стульях, ну, кто – где.

Устремлены все взгляды на экран,
Холодным голубым огнём горящий, -
В прибор, что прозвище насмешливое "ящик"
Пока не заработал.... Так в огонь костра,

зажжённый молнией, украденной с небес,
глядеть, - не в хаос электронного тумана...
... И всё же я – на том конце дивана,
что ближе к телевизору.... К тебе –

так далеко...Ты – где-то там, за мной...
... здесь, в комнате.... Ну, почему не рядом...
И мне нельзя тебя коснуться... даже взглядом
... Ведь в комнате сейчас почти темно...

... Минут, потерянных бессмысленно, отсчёт...
... Слова жужжат в виске?.. Веретено?.. Волчок?..
"... Хочу, чтоб просто ты сидел со мною рядом.
... и просто руку положил мне на плечо...".

Так начинается безумие, быть может...
"Вот так – всю жизнь",- пока жужжит веретено,
сон будет явью мне... Явь будет сном...
... Но только сон тот не досмотрен. И не дожит.

... Ещё.... Быть может, тот же Новый год...
Ты помогаешь мне развешивать игрушки
на ёлке.... И, наверно, на верхушке
шпиль закрепляешь... Мне ведь... высоко...

*... И прикасается нечаянно к руке
рука, передавая со стеклянными шарами
зеркальный блеск... и лёгкое дрожанье...
... И пахнет золотой смолой паркет...*

*... Не леса, - ёлки нам достаточно одной...
Что странного – в трёх соснах заблудиться...
Дождь золотой по зелени струится...
... зимой не должен дождь идти иной.*

*... Скамейка под балконом во дворе
в снегу увязла.... В тонконогих креслах,
совсем случайно сдвинутых так тесно,
мешает всё невидимой игре.*

*... И даже поручни нас разделяют.... И плечом
к плечу нечаянно уже не прислониться...
... И канифолью пахнет та смола – живица,
что, словно слёзы, по коре течёт.*

*... Конечно, мы уже - не дети. Нам шестнадцать
... или семнадцать май отмерил нам уже...
Но кто заставит и на этом вираже
со сказками любимыми расстаться...*

*... И не упомнит зим таких никто
В тот год она пришла ещё до снега,
и лёд на озере совсем заснежен не был.
... До блеска ветер выметал каток,*

*которым стал не только узкий круг
расчищенного льда, а вся поверхность,
что летом "зеркалом воды" была. Померкнуть
ей суждено под натиском опомнившихся вьюг.*

Тёмно-зелёный и блестящий, как стекло
бутылочное, лёд застыл так быстро,
что воздух нанизями бусин серебристых
был впаян в лёд.... И трещины излом –

зеркальный занавес в зелёной глубине, -
но это днём, когда для сцены освещенья
выходит солнце.... Наш спектакль – вечерний.
... Просцениум скрипит, оледенев...

... Огни у рампы... Музыка.... А мы
летим, перехлестнув крест-накрест руки,
с орбиты замкнутой необязательного круга
сорвавшись в глубину губящей тьмы...

... И в чёрном зеркале под нами – то же небо,
Что и над нами – опрокинутая тьма...
... И каждый шаг – то чёрных крыльев взмах...
... и я не знаю, - на катке или во сне мы.

... Как бесконечно длится каждый шаг...
Усилием удвоенным и слитным
невероятно долго можно длить их,
и в такт шагам одним дыханием дышать.

В пространстве странном Времени отсчёт –
размахи маятника... влево... вправо... влево...
...И с каждым шагом нас всё глубже, глубже в небо
уносит головокружительный полёт...

*... Так вот откуда о ночных полётах сны...
То память тела...Тело помнит дольше,
чем разум. Разум осторожен.
Ему экраны от безумия нужны.*

1999

Что ж делать, если жизнь любви короче

***
*Опять к виску щекою прикоснись...
... Что ж делать, если жизнь любви короче...
Пьеро стишки свои дурацкие бормочет,
Вверх торопясь по лестнице, ведущей вниз...*

*И золотой с ветвей струится дождь...
... Вот-вот начнётся бал.... Мерцают свечи...
Прекрасней места нет и времени для встречи...
И ты меня у новогодней ёлки ждёшь.*

*... То – сон.... Из зала, что на третьем этаже
волною музыка.... Там – ёлка... праздник... танцы...
Мне так легко под музыку спускаться
по лестнице.... И чувствовать уже*

*волнами запах колкий хвои... и смолы...
Он вместе с музыкой плывёт по коридорам...
... И – ожиданье... чуда?.. Может, скоро
я тоже с той волной смогу уплыть,*

*к плечу знакомому прижавшись.... Ведь во сне
я и не сомневаюсь почему-то, -
светящуюся, как янтарь, минуту,
плеснувшись, музыка к ногам положит мне.*

*... Своё я вижу отражение в окне,
но и без этого немого подтвержденья
я знаю, как прекрасно... отраженье, -
как платье, что сейчас во сне на мне.*

*... Не карнавальный блеск серебряной фольги,
что скромность школьного костюма сгладит, -
вполне вечернее сверкающее платье...
... плеча открытого уверенный изгиб...*

*(... Мне ясен по сей день проникновенно
тот "комплекс Золушки" (терминология – моя!).
Считалось дома, что одним и тем же платьем я
прекрасно обойдусь, - как нощно, так и денно.)*

*... В переплетеньях чёрных нитей шёлка – блеск...
... искр изумрудных скрытое мерцанье...
Бежать, быть может, рано из дворца мне –
не скоро полночи ещё последний всплеск...*

*... А в зале – многоцветный полумрак...
Мерцают лампочки на ёлке... точно свечи...
и в окнах сумрак отраженьем их расцвечен...
... Так тьма быть может сказочно пестра...*

*... Луной под потолком зеркальным - шар
вращается... Светящейся метелью
по стенам – отсветы... и отблески... и тени,
зал заметая... голову кружа...*

*... И – ненадолго смолкшей музыки аккорд.
... Фанфары, как и следует в начале...
И – свет слепящий, будто звуки, став лучами,
всё светом захлестнули, как рекой...*

*... Сверканьем звуков до краёв заполнен зал...
И ты в потоках хлынувшего света
через янтарную интарсию паркета
идёшь ко мне... и смотришь мне в глаза...*

*... Так бесконечно длится каждое мгновенье,
как будто Время вновь замедлило свой бег...
Я, как во сне, во сне иду к тебе,
и взгляд твой чувствую, как рук прикосновенье.*

1999

***

... Ты был когда-то неотъемлем, как тепло...
... как свет... как воздух.... Их исчезновенье
осознаётся лишь с потерей... зренья...
... когда петля сплошь равнодушных слов

так стянет горло горькой немотой...
... вопьётся в сердце нестерпимый холод...
... а свод небесный будет вновь расколот,
как будто и не создавал его никто...

*Я выбор твой без слова приняла, -
мне внятен тезис о свободе воли, -
и онемела от холодной боли...
... оледенела от отсутствия тепла...*

... Но пусть об этом лишь со слов чужих
ты знаешь.... Пусть тебя обходят
все горести.... И по своей природе
тут пожелания мои свободны ото лжи...

*Не запятнала пожеланьем зла
свою нелепую отвергнутую душу...
... Что ж, если не душа, а тело нужно...
Непригодившуюся душу я сожгла,*

не предсказавшую что истинно, что лживо...
... Вот только память почему-то не сожгла...
Светилась память, как янтарная смола, -
свет и тепло той, предыдущей жизни...

*... Пыталась я сказать о немоте,
но немота сильней петлю стянула...
А я-то думала, что немота уснула, -
я так заботливо стелила ей постель...*

И к сердцу подбиралась немота...
... Но что же будет, если сердце смолкнет?..
А боль впилась заржавленной иголкой
мне в сердце - и осталась там.

*Не я молчанье выбрала, - оно
петлёй удушливой само стянуло горло...
... А всем казалось, что молчу я гордо,
и что с тобой - мне тоже всё равно.*

*Из лексикона умолчания и лжи
всё той же немотой неумолимой
два слова вычеркнуты были: "мой любимый".
... И надо было заново учиться жить...*

*Но было мне позволено в слова
боль выплеснуть, что стала нестерпимой...
Боль свой порог уже переступила,
устав без устали меня колесовать...*

*... И болью так переполнялось слово,
как зреющее в колосе зерно...
Злом не отравлённое, слово всё равно
стать не могло уже пустой половой...*

*Из всех орудий созидательных одно
оставлено мне было - то же слово...
Но был несовершенен и неловок
продукт труда... Рациональное зерно*

*и близко не лежало к борозде
стиха. Лишь плевел бесполезный
заботливо серпом строки был срезан
и брошен на межу страницы. Здесь*

*зерно, налившееся горечью, собрав,
я на костре из бросовой половы
такое зелье из тех зёрен изготовлю,
что ни одна из ядовитых трав, -*

паслён... ятрышник... "волчье лыко"... аконит, -
с тем горьким снадобьем по силе не сравнится...
... А мне одно поможет снова птицей
взмыть в синеву, что так во снах звенит...

... Но мне и это зелье ни к чему...
Усилья лёгкого освобождённой воли,
как птице - клетки взломанной, довольно,
чтоб тенью унестись в ночную тьму...

Узнала это я гораздо раньше,
чем в описании классика прочла...
... Иллюзия моя, как явь, прочна, -
ни плагиата в ней постыдного, ни фальши.

... Холма прибрежного пологая волна
меня так плавно в небо запускала...
... И сабельным клинком река сверкала
на бархате зелёном, холодна...

... И так легко в той летней синеве
лететь спокойно и неторопливо
из клетки вырвавшейся птицею счастливой,
всем телом чувствуя горячий солнца свет...

... Или, лавируя уверенно меж ламп
"дневного света", душной ночью летней,
одежду сбросив, удавалось улететь мне,
нагою выскользнув из тёплых липы лап...

*Я даже знаю, как должна светиться грань,
тьму вод от суши тёмной отграняя -
туманностями тусклыми... огнями
созвездий городов и автострад...*

*... И - к той звезде, что закрепляет мира ось, -
над этой гранью - вверх... к тебе... на север...
... Весной у птиц на прежних гнёздах новоселье.
... Звезда полярная звалась у древних Лось.*

*Но лишь для птиц отменены границы
и можно беспрепятственно лететь
над россыпью огней там, в темноте...
... И всё равно... полёт пусть повторится.*

*... Нет, не из плоти, позже названной ребром, -
злосчастной части злополучной плоти, -
венцом творенья в той нечеловеческой работе
была я создана всесильным Гончаром.*

*Неповторимой переменчивой душой
была наделена я в той же мере,
как он, назначенный партнёром мне в премьере...
... Был акт творения на этом завершён.*

*Не потому, что был Эдем велик
и пара лишних рук в хозяйстве пригодится, -
была я женщиной сотворена. А может, птицей...
... И было имя мне тогда Лилит.*

*... И были мы тогда с тобой равны,
но разные, друг друга дополняя
до той единой сущности... Одна я
теперь о яблоневом саде вижу сны...*

И первым ты от равенства устал...
Груз равноправия не каждому по силам.
... Над Красным морем лишь меня настигли...
Но клетка райская уже была пуста.

... Неясной тенью я во мгле рассветной
мелькну - и вновь растаю без следа...
Стать за строптивость предстояло мне тогда
неясытью... ночною птицей... ведьмой.

Жизнь человеческую с линией прямой
отождествляют. И отрезок тот обычно
находится под властью деспотичной
безжалостного Времени... Самой

Судьбой, казалось, обусловлен путь...
... Но, как известно, состоит из точек
любая линия, - длиннее ли, короче...
Мысль о дискретности нельзя перечеркнуть.

А через точку можно провести
прямых бесчисленное множество. Лучами
вполне реальных вероятностей случайных
любая точка может обрасти...

И выбор только нам принадлежит.
Мы в каждой точке сами выбираем,
чем дальше станет, - Адом или Раем, -
так бескорыстно нам дарованная жизнь.

...Но так ещё в начале Бытия, -
и книги, и процесса был поставлен
вопрос. Он оказался главным,
и с ним не справилась тогда... уже не я.

*Ах, как наглядно с помощью понятий
геометрических, - до изумления простых, -
аллюзии не только втиснуть в стих,
но даже, наконец, самой понять их...*

*... Мелькнула странная, но собственная мысль:
что, если, созданный согласно эталону,
был наделён тот, новосотворённый
создателя способностями? Смысл*

слов, подтверждающих тот факт, неоспорим.
... Там ясно сказано, - и не пропало в переводе, -
по образу чьему и по чьему подобью
Гончар умелый человека сотворил.

*Не внешним сходством ведь исчерпывалась суть
подобия... Чем наделил создание
Творец первоначально?.. В наказание
из Сада изгнанные, люди унесут*

воспоминанье, - смутное, как сон, -
о тех способностях, присущих им вначале,
но запечатанных надёжней всех печатей
запретом, названным "естественный закон".

... Без слов друг друга слышать... И летать...
... И, не сгорая, проходить сквозь пламя...
Всё это было с ними... Или с нами...
Но тяжелей свинца беспамятства печать...

Сорвать печать никто не может самовольно,
но открывается порой закрытый дар...
... И происходит это именно тогда,
когда уже нет сил справляться с болью...

*Гончар всеведущ. Для чего ему
творенье, вылепленное собственноручно,
испытывать? Был разве не изучен
объект, до... косточки известный? Почему*

*не заложить стремление к Добру
в создание сразу? И свободой воли
не искушать? Был разве недоволен
произведеньем Автор? Был ведь круг*

*работ в Саду достаточно широк -
и, тем не менее, труд не был непосилен...
... И так сиял над Садом купол синий...
... и не был жизни той ещё отмерен срок...*

*Так может, надо испытание считать
неоспоримым подтверждением догадки,
что создан вовсе не для этой жизни краткой
был человек? Ведь вовсе не в чертах*

*обрёл он сходство... Предстояло быть
ему творцом Судьбы своей грядущей.
... Момент благоприятный был упущен
и стать ему пришлось... рабом Судьбы.*

*Из всех созданий человек лишь наделён
был даром речи. И досталась даром
способность уникальная - в подарок,
что неотъемлем от пелёнок до пелён.*

*... Я о существенной подробности забыла -
Змей льстиво разглагольствовал в Саду...
Она прислушалась - себе же на беду...
...Но так ведь Автором задумано и было...*

*И покатилось, словно снежный ком,
проклятие из поколенья в поколенье -
к словам прислушиваться странное стремленье
и в них обманываться - просто и легко.*

*Мне жаль мою... преемницу. Она
за страсть... к познанью поплатилась горько...
... И яблоко стать может... костью в горле,
коль за него такая взыскана цена.*

*... Нет, выбор не был предопределён.
А Змей был... знаком вопросительным всего лишь
к вопросу каверзному о свободе воли...
Он и сегодня от решения далёк.*

*... И вот, всё, что Он создал за неделю,
нашёл Творец, что это - хорошо.
Но почему-то нужным не нашёл
так отозваться о последнем из изделий.*

декабрь 1999

Повторилась ночь немыслимая эта

***

*... Лишь первобытная жестокость бытия
расчёта принцип выбрала несложный:
За око - око... Жизнь - за жизнь... Но можно
и на иных устоях устоять...*

*Так, научившись говорить едва,
власть слова человечество признало -
и в летописи, хроники, анналы
покорно стали строиться слова.*

*И, в силу слов уверовав вполне,
лечили словом... словом убивали...
... Так удивляться следует едва ли,
что их забыть не удаётся мне...*

*Через огонь и воду... медных труб
сеченье тесное... а, может, рёв хвалебный
несу я тень иллюзии нелепой
и след тех слов, что мне достались, не сотру.*

*Стереть клеймо под силу лишь огню.
Но вот беда, что только с жизнью вместе
клеймо моё в огне со мной исчезнет...
... С исчезновеньем я... повременю.*

*... Петля ведь может затянуться снова,
прикинувшись целительным бинтом...
... Страшней всех пыток пытка немотой.
... Но мало чем ей уступает пытка словом.*

То, что приказано исполнить, - это казнь.
... И то, как сказано замучить - наказанье.
... Сапог испанский... дыба... бич... колесованье...
И руководство к исполнению искать

нет надобности... Неподъёмный том
средневековые составили святоши
детальнейших инструкций, где дотошно, -
в буквальном смысле, - всё написано о том,

как можно женщину заставить на себя
взвалить вину за наводненья и ненастья...
... мор... недород... И в шабашах участье...
Но если о тебе века долбят,

что ты ценою проданной души
власть выкупила вовсе по-иному
жить, тайным знаньем безошибочно ведома...
... Неправда! Права нет души лишить

меня за силу, обретённую назло
всей нечисти.... И не преступной сделкой, -
власть изводить соперниц порчей мелкой, -
мне было знание дано о силе слов.

... Жаль, слишком поздно я об этом догадалась, -
ведь тайным оказаться может дар...
И если бы не пытки, - никогда
мне не узнать бы, что мне в дар досталось.

... Не для борьбы с запретным знаньем ведь, -
нельзя открывшееся вновь упрятать знанье, -
так избирательно предназначалось наказанье...
... Инструкции названье - "Молот ведьм".

Был в этом, может быть, определённый смысл...
... Известно издавна, какой безмозглой властью
плоть женская наделена... Стыдом, к несчастью,
не перегружены прелестные... умы.

Бесстыдства, правда, им не занимать...
... В мой тёплый дом входя замёрзшими гостями,
жар очага чужого жадными горстями
пытались выгрести... И наступала тьма...

... Оставь их. Не о них моя печаль...
Я даже зла желать не научилась
тем... гостям, что в мой дом входили чинно -
и уползали, отравив очаг.

И можно всё без жалости отнять
у той, что всё дарила безрассудно, -
всё, что хранят бессонно и подспудно, -
всё, кроме искры негасимого огня.

...Огня известна двойственная сущность:
испепелять - и вновь из пепла возрождать...
... и умирать под стрелами дождя...
... и жизнь поддерживать, готовя хлеб насущный.

Невыносим и непереносим
любви не разделённой дар данайский.
... А не пыталась разве ты, сознайся,
У сил невыясненных помощи просить?

Но в этом случае спасительна вполне
формулировки неопределённость...
... Смертельной жажды той неутолённость
хоть слабым оправданьем служит мне.

*За частоколом обвинений всех видна
причина истинная преступленья грани -
вернуть любовь, Судьбу свою исправив...
... Но это ведь беда, а не вина...*

*Любовь утратив по своей вине, -
а, может, вовсе без вины, - теряют разум
от нестерпимой боли... И не сразу
осознают, что помощи извне*

*просить бессмысленно... Ведь лишь в самой себе
назло всему найти сумеешь средство
с бедою справиться. И, может быть, согреться,
в огонь швырнув охапку горьких бед...*

*... Каким бы синим пламенем горели
Все беды в том костре, что на меже
Я разожгла бы снова, чтоб их сжечь,
Как прошлогоднюю листву в саду... в апреле...*

*Любовь у женщины безжалостно отняв,
неизмеримо больше отнимают,
чем жизнь. Толкает боль немая
на ложный путь, иллюзией пленяя*

*ценою проданной души любовь вернуть, -
совсем, как в сделке о заклятом кладе...
... Но Зло по счёту никогда не платит...
Известно ведь, куда заводит путь.*

*... И обернулась изворотливо виной
моя беда... Но в этой смене роли
виновна я сама, беде позволив
в ином обличье следовать за мной.*

*Всей силой неистраченной любви
в своё всевластие неистово поверив,
хоть в заклинание слова, по крайней мере,
вплетай осмысленнее, слов гирлянду свив...*

*Моя обмолвка, словно тайный ход,
дала возможность обойти суть договора.
... Как ликовала призрачная свора,
поймав меня... на слове - так легко!..*

*... Слова, как голос свой, мы слышим искажённо, -
Совсем не так, как те, с кем говорим.
И может оказаться смысл другим, -
Не тем, что вложен был в слова заворожённо.*

*... Я появленья твоего ждала.
О нём я просто... знала знаньем тайным,
точнее, ведала.... Ведь слово не случайно
того же корня - «ведьма»... Только зла*

*таить не может знание в себе -
оно лишь инструмент, которым разум
старательно оттачивает фразу,
чтоб смысл не притупился, ослабев...*

*... И листья папоротника резные свет
укрыть не могут в зелени сквозящей...
... И тени чёрные уже мелькают в чаще...
... И шорохи змеиные - в траве...*

*Цветок не только надо отыскать, -
все силы тёмные опередить, иначе
та нечисть чёрная цветок чудесный спрячет...
... Мне показалось, что я так близка*

к той искре... малому подобию костра,
в котором догорало наше детство...
... Всю жизнь пытаясь тем огнём согреться,
всё обретённое я обращала в прах.

... Тот, кто цветок сорвать сумеет первым,
с ним обретёт невиданную власть -
невидимое видеть... Только красть
уже почти что мой цветок - неправомерно.

... Так щедро лето дарит свет свой и тепло,
траву иную наделяя странной властью
жизнь отнимать, иль возвращать нам счастье...
... Яд и лекарство - зельем всё звалось...

Но в листьях папоротника никто цветов
не видел... Так цветёт он, может,
глубокой ночью, чтобы потревожить
возникновение огня не мог никто...

И должен он в такую ночь цвести,
когда предвиденным космическим явленьем
становится Земли перемещенье
за грань, в которой Солнца диск достиг

той высшей точки, видимой с Земли:
зенита власти... силы... полномочий -
дня летнего солнцестояния... и ночи,
которую ничем нельзя продлить...

Ночь на Купала от языческих времён
костра купальского могущественной силой
от бед спасает... Солнца бог, Ярило
всё наделяет животворнейшим огнём...

*Не удивительно, что мысль соединила
перемещенье в пустоте небесных тел,
так бесконечно от Земли далёких, с тем,
что происходит на Земле... Сильны светила...*

*... Как бесновалась безнаказанно во тьме
теней проклятых стая, зная точно,
что будет мне отмерено той ночью...
... в награду?.. в наказанье?.. Но посметь*

*мне помешать слова произнести,
что столько лет безмолвным заклинаньем
я повторяла... Нет, такого наказанья
уже никто не смел изобрести!..*

*... Судьбу пыталась я перехитрить...
... а, может, просто слову не посмела
доверить то, о чём кричало тело...
... Но в слово разве вложишь этот крик...*

*Годами подбирала я слова...
... Но надлежало формулировать точнее...
Ни наяву не ожидала, ни во сне я,
что цепь заклятья может слово разорвать...*

*... Одно - единственное ложное звено,
в гирлянде слов, трудолюбиво свитой...
... "Хочу тебя увидеть...". Вот "увидеть"
и было лишним. Право же, смешно,*

*в кабальный договор вступить пытаясь,
кривить к торгам предъявленной душой...
... Лгать и самой себе нехорошо.
Вести к добру не может ложь пустая...*

Чтоб чудо всё-таки произойти могло,
должно совпасть такое множество условий...
... И я за помощью вновь обратилась к слову.
Я верю в чудодейственную силу слов.

"... Не знал, что это было в жизни у меня...".
... Ну вот, конечно... Вспомни... Я когда-то
пыталась вырваться из немоты проклятой...
Но так была надёжна западня...

И безнадёжное отчаянье снесло
плотины и запруды всех запретов
и умолчаний... Что теперь об этом,
когда не помнишь ты тех горьких слов...

И можно даже жизнь вложить в слова -
словам и эта ноша тяжкая под силу...
... Я всё сказала и за всё простила,
петлю проклятую пытаясь разорвать...

... Как пунктуально соблюдался договор -
дословно и буквально... вплоть до точки.
... Ты был со мной той бесконечной ночью.
... Вернулось Время к точке нулевой.

Когда-то Слово стало точкою отсчёта
в звенящей изначальной пустоте...
... Законом скованные притяженья тел,
врозь звёзды разлетелись обречённо.

... А музыки магическая власть
едва ли силой слову уступает...
Они порой меняются местами...
Но музыки ещё древнее пласт...

Ритм бытия предшествовал словам.
Ведь до того, как обрести названье,
мир осязаемый был Скульптором изваян...
 ... И бормотала на ветру листва...

 ... разучивал ручей речитатив...
 ... стаккато дождь оттачивал упрямо...
 ... по камертону радуги настраивалась гамма
и волн арпеджио катил морской прилив...

Диктует ритм чередованье фаз
в любом процессе, - будь то смена поколений...
 ... Луны в обличьях разных появленье...
 ... И ритмом выстроена стихотворная строфа...

 ... И, подчиняясь музыки законам,
как этот мир, непостижимым и простым,
меня в свои ладони принял ты, -
как сон, забыто... и как бред знакомо...

 ... И только музыка могла преодолеть
той многолетней немоты проклятье,
волной всплеснув меня в твои объятья
на уходящей из-под ног Земле...

 ... И, будто не было провала лет немых,
твои ладони опустились мне на плечи,
как мост над бездной всех противоречий,
клубящихся единством зыбкой тьмы...

 ... И снова пол качнулся, словно плот, -
не леденящей обречённостью обвала, -
волною тёплой... той, с которой я взлетала...
 ... Знакомых рук забытое тепло

*неодолимым пламени крылом
смело закон земного притяженья...
... И в измерении совсем ином уже я
нить, мной спрядённую из безнадёжных слов,*

*нашла во тьме... И, словно тот клубок,
что к свету путь спасительный укажет,
тебе вручила... Тьма - кольцом на страже...
... Но как мне вырваться ещё из тьмы любой...*

*... У двух теней великих я прошу прощенья
за троп, тропою послуживший мне...
Да, эпигонство порицаемо вполне...
...но непростительно похожи ощущенья.*

*... А чудо раскрывалось, как цветок,
огонь невидимый в себе сосредоточив...
Ему ведь сбыться предстояло этой ночью,
и чуда отменить не мог никто.*

**Оно обычно начинается во тьме
на грани несуществованья и начала
взаимосвязанностью звеньев ритуала,
предписанного сочетанием примет...**

*... И прикоснулась вновь к виску щека...
... инициация мистерии забытой...
Ведь отлучённым за неверие закрыто
всё то, что чудом только можно отыскать...*

**... И оплетали плечи пламенем и жгли
до боли и до головокруженья
знакомые ладони... Тел сближенье,
опасное, как притяжение Земли**

*для безнадёжно сбившихся с орбит
тел неприкаянных... и скованных той силой,
что их всё выше в бездну уносила...
... И - свет... который не дано забыть...*

*... и губы жаждой сожжены неутолимой...
... переплетенье рук... сплетенье тел...
Остались искрами в той стылой темноте
слова, не сказанные снова: "... Мой любимый..."*

*... И длился нескончаемый полёт
над чёрной тьмой законов и запретов
от кручи вечера до отмели рассвета
всю ночь купальскую сквозь полночь напролёт...*

*Как свет надёжно тени сторожат...
... И всё равно... быть не могло иначе...
... Ты снова целовал меня, мой мальчик...
Но мир уже нам не принадлежал.*

*Был миром нашим только круг огня...
... круг рук... И он смыкался всё теснее...
... и воскресала в том огне... или во сне я...
Сил в мире не было таких - тот круг разъять...*

*И ночь была невероятней всех цветов,
тьме вопреки согревших эту полночь...
... Не думаю, что ты об этом помнишь...
Ты был идти во тьму со мной готов...*

*Ах, как ты прав был, что пытался увести
меня к огню костра из тьмы остывшей,
чтобы согреть... а, может, сжечь, забывшись...
... Потом... Сейчас - трава хоть не расти!..*

... На пепелище первой вырастает
трава такая - "иван-чай"... кипрей,
что, расцветая, может всё кругом согреть...
Её за это "тёплой" называют.

... Но что меня остановить могло?..
Нельзя оглядываться, уходя из ада...
Да разве место пыток стоит взгляда, -
застенок тех безвыходных углов...

... Зола разграбленного очага?..
... Долг неоплаченный - и всё же неоплатный?..
С какой же тенью не смогла я сладить,
в который раз сама себе солгав?..

Не потому, что усомнилась я в огне, -
безумию сомненья незнакомы...
...То здравомыслия постылые оковы
знакомо звякнули, напоминая мне

о разрушительной действительности... Явь
толкнула в угол обстоятельств, что сложились
под неслабеющим реальности нажимом,
свободу воли пресловутую отняв...

... Рассвета серый пепел оседал
на угли стынущие догоревшей ночи...
... Купальской ночи нет в году короче...
... И отстранённо... будто навсегда,

шаги твои - в рассвет... необратимо...
... Биенье сердца... ворожба часов...
... а, может, эхо вдруг умолкших голосов...
Я до дверей тебя не проводила.

Декабрь 1999

***

Уснула интуиция, устав
от взлётов к свету и во тьму падений.
и, выпутавшись из иллюзий, день мой
канон привычный начал считывать с листа...

... Но в отрезвляющей реальности - как бред...
... как продолжение ночного наважденья -
твой голос снова... наяву... Как пробужденье
от сна в реальность - еретичкой на костре...

... До времени условленного - час...
Но как минуты тянутся - веками...
... Бессвязных мыслей хаотичное мельканье...
... Часы, не выспавшись, всё медленней стучат...

До исступленья доведён жарой Июль,
дойдя до точки своего плавленья...
... Жара недвижна... Шевельнуться лень ей...
... Кровь бьёт в висках?.. Колокола поют?..

О вулканическом происхождении своём
могли бы вспомнить тротуара плиты...
... Но как они растресканы... разбиты...
Ты помнишь цвет их, возвращаемый дождём?..

... Ущелье улицы асфальта дышит жаром...
... смолой горячей обозначен путь...
Но не прервать и вспять не повернуть
полёт над раскалённым тротуаром...

Но вот уже лишь несколько шагов
до окончания пути... и сказки горькой...
... А я не знаю, что сюжет уже оборван...
... дотлел костра купальского огонь...

... Не знаю, включена ли в пыток свод
та пытка - не моим, - твоим молчаньем,
и не минутами отмеренном, - часами...
... то наказанье за ночное колдовство...

... Но в дымных сумерках так быстро догорал
день, мной придуманный без соблюденья правил...
За силуэтами домов, - не за горами
тонуло солнце, этот день украв...

И эту ночь украла без стыда
теней проклятых призрачная стая,
как тот цветок, что в полночь расцветает...
... А я ведь... чуда ожидала, - как всегда...

Нет. В эту ночь я возвращаться не хочу.
... Но, как преступницу на место преступленья,
меня опять ведёт к ней странное стремленье
согреться памятью о чуде... хоть чуть-чуть...

... Но это я – о следующей ночи...
Та ночь – венком, а не кругами по воде...
Всё – по законам исполнения чудес...
...И даже бреда пересказ быть должен точен.

... О чём ещё?.. "Я ничего не знал..."
Но ты об этом ведь сказал той ночью,
когда рассвет Судьбою был отсрочен
и ночь была неистово нежна...

Огонь из пепла чудом воскресив,
мы власть над ним так быстро потеряем...
... Как все стихии, он неуправляем,
непредсказуем... и неугасим.

*Должна была меня насторожить
всех совпадений подозрительная точность...
А я... Я счастлива была той летней ночью,
как будто бы ко мне вернулась жизнь...*

*Ночь оказалась слишком коротка, -
короче летней, - без грозы, - зарницы...
... Но не могла же мне так явственно присниться
щека твоя у моего виска...*

*... Прости, что снова возвращаюсь в эту ночь, -
огонь той ночи я всю жизнь хранила
в словах нестынущих. Огонь тот дал им силу
и Время, и Пространство превозмочь.*

*... Я до последнего дыханья буду помнить, -
высокопарность эту не вмени в вину, -
как у счастливейшей иллюзии в плену
горела... Ночь была костром мне.*

*... Я сказку помню... Нет, не покидал
подругу тот, кого она любила
немногословно... терпеливо... незлобиво...
Ведь это - в сказке... Но пришла беда...*

*Ослеп любимый, невозвратно потеряв
способность видеть мир... Но невозможно
творить без света, - ведь ослеп художник,
глазам своим привыкший доверять.*

*Художник поклонялся Красоте.
Была его избранница прекрасна,
и только кисть его могла бесстрастно
воссоздавать то совершенство на холсте.*

Но годы горя стёрли красоту.
... Не видел, к счастью, этого любимый, -
ведь мог бы оказаться нестерпимым
крах идеалов эстетических... Но тут

вдруг, - в сказках всё всегда бывает вдруг, -
возникла вероятность исцеленья...
... Не помню, почему, но груз решенья
на плечи женщины был свален, - тяжкий груз.

... И ситуации такой прерогатива -
Не сказки, - яви... быта... Не секрет, -
порой случается, что сказочный сюжет
ведёт себя... так неоправданно правдиво.

Ей выбирать: вернуть слепому свет -
и он увидит всё несовершенство
той, что в своей самоотверженности женской
была с ним рядом столько горьких лет...

... Не сделав шага этого - отнять
возможность снова создавать творенья
и в бескорыстном творческом горенье
жар сохранять священного огня, -

а ей на углях хлеб насущный печь,
очаг домашний недреманно опекая...
... У верных жён - всегда судьба такая, -
им не стряхнуть ответственности с плеч.

И разве есть необходимость уточнять,
каков был выбор, - безошибочный... единый...
... Увидеть снова должен свет любимый -
всё многоцветье радужного дня.

И, безнадёжно в зеркало взглянув,
она о выборе нелёгком объявила...
... Кому?.. Неважно. Тем бесстрастным силам,
решать заставившим за них её одну.

Но, суть увиденного там опережая,
рассудок всё же смысл немыслимый постиг...
... Ведь ей хотелось одного, - уйти...
... и слёзы отраженье искажали...

Вернулась к ней былая красота, -
она ещё прекраснее, чем прежде.
... В порывах творческих любимый так прилежен
на свежезагрунтованных холстах...

Судьба, своим повадкам вопреки,
в цене за чудо отказалась мелочиться
и снисходительно, как сытая волчица,
добычу выпустила, вдруг разжав клыки...

... Но это - в сказке. В жизни ведь не так.
Как нити вымысла причудливо ни виться,
что не было дано – не возвратится.
Дар незаслуженный и редкий – красота.

... Ценить умели боги смертных красоту.
Царь запер дочь Данаю в терем медный...
... Но это ли преграда для бессмертных...
... Дождь золотой проник в темницы темноту...

Гуманней сказка, чем жестокий миф.
... Ведь в сказках пленниц из темниц освобождали,
а не, прикинувшись бесценными дождями,
рождать героев оставляли там одних.

*Ах, как хитра Шехерезада!.. Сколько слов
сплетала за ночь, не дорассказав к рассвету
последней сказки... И простой уловкой этой
казнь отдаляла палачам назло...*

*... А я молчала, снова онемев...
всю безнадёжность слов осознавая...
вновь задыхаясь... оледеневая
в жаре знобящей... и в слепящей тьме...*

*Какие мне могли слова помочь...
... Быть может, те, несказанные мною...
Но я той ночью стала вновь немою,
хоть ночь не кончилась... Ночь пыток. Казни ночь.*

*Так инквизиция именовала казнь огнём -
"лишенье жизни без пролитья крови".
... Как приговор в формулировке этой скромен...
Мне был огонь льдом лицемерно подменён.*

*... И можно сказки, как жемчужные горошки,
хоть тысячу ночей на нить низать...
Нельзя за ночь одну всю жизнь пересказать...
... Но вот отдать её за ночь такую можно.*

12.1999

***

И в третий раз я возвращаюсь в эту ночь...
Лететь на свет из тьмы - что безрассудней...
... И ночь, как день, порой бывает Судной...
Но мне уже и это всё равно.

"... И дольше века длится день...". О дне -
у классика, - плюс - минус полстолетья...
Одной - единственной короткой ночи летней
достало, чтобы, не жалея, сжечь

полынь сухую безнадёжных лет. Огонь
костра купальского испепелил заклятье...
... И так горела я в твоих объятьях
ту ночь. Единственную. Не было другой

такой счастливой ночи у меня...
... Покой, что дан был на твоём плече мне...
... и нестерпимое, как жар костра, влеченье
никто не вправе у меня отнять...

Та в безнаказанном безумии хмельном
ещё не тел, - желаний оголённость...
и соприкосновений исступлённость...
... Счастливое беспамятство – волной...

И жизнь – в холодных сумерках... без света...
Как сквозь пустыню, задыхаясь, сквозь неё
прошла бы вновь, храня безумие своё,
чтоб повторилась ночь немыслимая эта.

12.1999

**

*Я устала, устала, устала
От собственных горьких сомнений
И таких же горьких воспоминаний.
А снег пахнет полынью,
И даже на губах этот горький привкус...*

*Ты говорил: "... У тебя горькие волосы..."
И целовал горькие губы...
В зелёной глубине омута
среди сплетающихся водорослей
запуталась и никак не могла выплыть мысль:
"... Вот уже и губы мои,
которые ты любил целовать, горьки тебе..."*

*А губы мои были когда-то
горьки от слёз, - не от морской воды,
потому что мы так никогда
и не были вместе на море.*

*... А снег не пахнет полынью, - это неправда.
и губы любимых никогда не бывают горькими, -
это тоже неправда.
... А вода в море горькая и солёная, и ещё она бывает мутной,
но бывает прозрачной и зелёной, -*

а впрочем, об этом уже столько написано...

***

Осеннее солнце
Казалось грустным
В этой легкой и жёлтой дымке.

И трава умирать не хотела,
Хоть и знала, что скоро зима...

Всё было таким,
Словно смотришь
Сквозь стекло старинного бокала,

И, как в стекле – желтоватая дымка,
Поднималась смутная тревога.

Тишина и ласковый воздух –
Это осенние призраки,
Что исчезнут задолго до первого снега...

Доверчивая девочка думала,
Что ещё не кончилось лето,

А ведь ночью дул такой холодный ветер...